愛と障害者と悪魔の働きについて

「相模原障害者施設」殺傷事件

大川隆法
RYUHO OKAWA

まえがき

何とも衝撃的《しょうげきてき》で凄惨《せいさん》な事件が起きたものだ。

障害者施設《しょうがいしゃしせつ》を舞台として、そこで解雇《かいこ》された元職員が、夜中に忍び込み、一人で十九人を殺し、二十六人に重軽傷を負わせた。個人犯罪としては、戦後日本では最大規模《さいだいきぼ》のものと思われる。

事件そのものは殺人事件として、警察や裁判所マターとなり、マスコミが障害者施設や容疑者に対する医者の対応を追及していくだろう。

単なる突発的《とっぱつてき》な事件なら、私の出番《でばん》ではないが、背後に、「重度の障害者は安楽死させるべきだ」という政治・宗教にまたがる主張があるので、何らかの悪魔的《デモーニッシュ》な働きかけがあったと見て、スピリチュアルなリサーチを行ってみた。

結果は、驚くべき内容で、予兆《よちょう》としては「未来への衝撃」に値《あたい》するものだった。
私たちは、効率的で生産的な社会を夢みるあまり、「神の愛」を忘れてはいまいか。
いま一度、障害者問題を宗教的視点で捉《とら》え直してみたいと思う。

二〇一六年　七月二十八日

幸福《こうふく》の科学《かがく》グループ創始者兼総裁《そうししゃけんそうさい》　大川隆法《おおかわりゅうほう》

愛と障害者と悪魔の働きについて――「相模原障害者施設」殺傷事件――　目次

愛と障害者と悪魔《あくま》の働きについて
――「相模原《さがみはら》障害者施設《しせつ》」殺傷《さっしょう》事件――

二〇一六年七月二十七日　収録
東京都・幸福の科学総合本部にて

「霊言現象《れいげんげんしょう》」とは、あの世の霊存在の言葉を語り下ろす現象のことをいう。これは高度な悟《さと》りを開いた者に特有のものであり、「霊媒現象《れいばいげんしょう》」（トランス状態になって意識を失い、霊が一方的にしゃべる現象）とは異なる。

また、人間の魂《たましい》は原則として六人のグループからなり、あの世に残っている「魂のきょうだい」の一人が守護霊《しゅごれい》を務めている。つまり、守護霊は、実は自分自身の魂の一部である。したがって、「守護霊の霊言」とは、いわば本人の潜在《せんざい》意識にアクセスしたものであり、その内容は、その人が潜在意識で考えていること（本心）と考えてよい。

なお、「霊言」は、あくまでも霊人の意見であり、幸福の科学グループとしての見解と矛盾《むじゅん》する内容を含《ふく》む場合がある点、付記しておきたい。

愛と障害者と悪魔《あくま》の働きについて

――「相模原《さがみはら》障害者施設《しせつ》」殺傷事件――

二〇一六年七月二十七日　収録

東京都・幸福の科学総合本部にて

質問者　※質問順
綾織次郎《あやおりじろう》（幸福の科学常務理事　兼《けん》「ザ・リバティ」編集長　兼ＨＳＵ講師）
斎藤哲秀《さいとうてっしゅう》（幸福の科学編集系統括《とうかつ》担当専務理事　兼
ＨＳＵ未来創造学部芸能・クリエーターコースソフト開発担当顧問《こもん》）
天雲菜穂《てんくもなお》（幸福の科学第三編集局長　兼「アー・ユー・ハッピー？」編集長）

チャネラー
竹内久顕《たけうちひさあき》（ニュースター・プロダクション〔株〕芸能統括専務取締役《とりしまりやく》
兼　幸福の科学メディア文化事業局担当理事）

［役職は収録時点のもの］

1 障害者殺傷《さっしょう》事件の霊的《れいてき》背景をリーディングする

今回の殺傷事件を宗教で取り上げることの意味

大川隆法　今、神奈川県相模原《さがみはら》市の障害者施設《しせつ》で起きた殺傷《さっしょう》事件のことがニュースになっていて、（霊《れい》がやってくるため）なるべく見ないようにはしていたのですが、やはり、宗教家からも多少の意見なり判定なりが必要な案件かと思いました。十九人が死亡し、二十六人が重軽傷《じゅうけいしょう》を負う事件（収録時点）がありましたので、本日はこれをテーマにしたいと考えています。

　こういう大きな事件について、私の感じとして

相模原の障害者殺傷事件を報じる
7月27日付産経新聞の一面。

は、何らかの悪魔《あくま》的な働きがあると推定しています。警察や病院、その他のところは、もちろん、別の原因から取り組まれることでしょうが、こうした「宗教論理の部分」については、私も少し研究してみたいという気持ちがあります。

特に、今回は、「重度の障害者を安楽死《あんらくし》させる法律をつくれ」というようなことを衆議院議長公邸《こうてい》に向けて言っていた男が、その後、いろいろな経過を経《へ》て、実際にやってのけたようなところがありましたが、当会としても、障害者に対する法、教えがあまり十分ではないため、もう少し研究してみる必要があるのではないかと思うのです。

容疑者は、「重度の重複《ちょうふく》障害のあるような人は安楽死をさせる」というような考え方に基《もと》づいた法律づくりを進めたかったのかもしれませんが、そういうことは正義に適《かな》うのかどうかという疑問もあります。

また、テレビのコメンテーターの一部には「ナチスを思い出すようなところもある」と言っていた人もいましたし、「何となく、海外で起きているテロ事件と似たようなものを感じる」と言っていた人もいます。

もちろん、「テロは宗教が起こす」というように言われると、こちらもストレートには受け入れられない面があるのですけれども、ほかのところで起きているようなテロが日本では起きないので、その代わりに起きたように見えなくもない面はあります。

それから、障害者が出ることによって家庭のなかに〝地獄《じごく》〟が生じるようなこともある一方で、障害者を施設に集めて世話をすることにしたとしても、今度はそこで働いていた人が事件を起こしてしまうようなことがあったわけです。そこには、そういう現場を見ている者の判断として、「自分がやっていることは正しい」と思った部分があるのでしょうから、今日は、このロジック（論理）の部分に対する本音《ほんね》を語らせたいと考えています。

これは、もちろん、本人の意志も働いてやっているとは思いますけれども、何か〝裏で手引きしているもの〟が必ずあるはずです。その本音を語らせることによって、「愛とは何か」「善とは何か」「正しさとは何か」といった宗教的なものと、悪魔的なるものの意見とを、しばし議論することによって、「何が正しくて、何が間《ま》違《ちが》っているのか」ということが、はっきりするのではないかと思っています。

障害者全体についての法（教え）を説くのは、やはり、そう簡単なことではありません。個々のケースにもさまざまなものがあるでしょう。また、全体的なものとしても、「社会福祉《ふくし》」等の大きな問題があり、難しいものがあります。

それから、「老人問題」についても、同様の難しさがあるかもしれません。八十代以上にもなれば、みな、ある意味では障害に近いようなさまざまな制約が出てくる部分もあるわけですが、「それならば、全員殺されたほうがよいのかどうか」といった問題もあるでしょう。

実は、この裏には、かなり大きなテーマがあるような気がしてならないのです。

そこで、今日はチャネラー（竹内）を用意しているので、悪魔が出てくるかどうかはやってみなければ分かりませんが、「悪魔のロジック」として何を主張してくるかということを研究してみて、私たちが正邪《せいじゃ》を判断するための何らかの基準を得ることができればよいと思っています。

それでは、この事件について、まだよく分からない人もいると思うので、（綾織に）少し補足説明をしてくだされればと思います。

事件の概要《がいよう》について振《ふ》り返る

綾織　はい。それでは、簡単に事件の概要《がいよう》を紹介《しょうかい》させていただきます。

昨日《さくじつ》、七月二十六日の午前二時ごろ、神奈川県相模原市内の障害者施設「津久井《つくい》やまゆり園」に元職員が侵入《しんにゅう》し、入所者の首などをナイフで次々と刺《さ》して、十九人が亡《な》くなり、二十六人が重軽傷を負いました。容疑者は近所で一人暮らしをしている二十六歳《さい》の男性で、施設に侵入した一時間後の午前三時ごろ、警察に出頭《しゅっとう》したと伝えられています。

この施設は、知的障害者、常時介助《じょうじかいじょ》の必要な方が利用されています。短期入所も含《ふく》めて百五十七人が入っていました。なかには、重複障害者、つまり、知的障害と共に他の身体障害を持っているような、非常に障害程度の重い方も入っていらっしゃったということでした。

この容疑者について振《ふ》り返ってみると、今年、二〇一六年一月の時点で、地元の知り合いに、「『障害者がいなくなれば、世界が平和になる』、そういうお告《つ》げがあった」ということを言っていたそうです。

二月に入り、十四日には衆議院議長公邸に手紙を持っていきましたが、そのなかには、「障害者総勢四百七十人を抹殺《まっさつ》することができる」というようなことが書かれていました。

さらに、その直後の二月十八日、施設の関係者に「障害者を殺す」という発言をしたために、すぐに警察が事情聴取《ちょうしゅ》をし、翌十九日にはその施設を退職しています。そのとき緊急《きんきゅう》措置《そち》入院をしたのですけれども、三月はじめには、「他人《ひと》に害をなす恐《おそ》れがなくなった」という判断がなされて退院しています。

そして、三月以降、何があったのかについては明らかになっていませんが、昨日の犯行に及《およ》んだというのが、概略の流れになります。

単純な妄想《もうそう》なのか、それとも確信犯的なものなのか

大川隆法　単純に考えれば、施設をクビになったので、復讐《ふくしゅう》のためにやったように見えなくもないのですが、そのストーリーを見るかぎり、それだけとは思えない面があります。そこには確信犯的なものもあって、「今、重度障害者は社会悪になっているから、安楽死させるべきだ」というような考えでしょうか。

「家族に迷惑《めいわく》をかけているだけでなく、施設で働いている職員たちも目がうつろで、入所者はほとんど動物みたいだ。こういう人たちを生かしておくことは社会悪だ」などと考えたようにも見えます。

また、犯罪として見ると、やや異常性があると思うところは、衆議院議長の公邸に、議長の名前を書いた手紙を持っていき、実際上の犯行計画に当たるようなこと

まで書いていたというところです。私には、衆議院議長公邸まで、「殺す予定がある」と書かれたものを持っていくというのは、ちょっと考えられないことです。これには、単純な妄想《もうそう》だけではなく、「法制度のようなものを何かつくりたかった」という意図《いと》も一部にはあるように見えます。

綾織　はい、「そういう世界をつくる」ということも言っていました。

大川隆法　そうそう。世界を変えるというところですね。
　そういう意味では、ヒトラーの優生保護法《ゆうせいほごほう》のように、「優秀《ゆうしゅう》な遺伝子同士を掛《か》け合わせて子孫を残せばよい。障害者は生きる必要がない」という感じの動きに見えるものもあります。

容疑者特有の「善悪のロジック」がある？

大川隆法　また、もう一つ、医学における問題としてあるのは、今、実は、「障害者として生まれてくることは不幸である」という考えに基づき、胎児《たいじ》の段階で遺伝子を調査し、障害者になる確率がかなり高いという結果が出てきた場合には「どうしますか」と確認するようなことを実際に行《おこな》っていて、堕胎《だたい》を勧《すす》めている現実があります。

すなわち、「生まれてから殺されるか、生まれる前に殺されるか」といった問題まであるわけです。現実に、医者はそれを勧めており、合法的に行っている面もあるわけですが、社会的ニーズとして、これは正当性のあるものなのかどうか、多少、分からないところがあります。

それから、警察も容疑者の存在を知っていたし、措置入院をさせ、医学的にも調査をした上で退院させ、そのあとに事件が起きているということですから、まったく知らずに起きたことでもないわけです。実は、計画の内容まで出していて、「四百七十人まで殺せる」と言っていました。現実には十分の一ぐらいまでしか手が及ばなかったのでしょうが、五十分間は「刺したり殺したり」し放題《ほうだい》だったということです。

警察は施設に対して「監視《かんし》カメラを入れるように」と指導し、十六台ほど設置されていたようではありますが、それだけでは甘《あま》かったところがあります。一時間足らずでそのくらいのことをやってしまったわけです。

また、これは事前に予告されていたので、予告犯《よこくはん》のようなところもあります。

さらに、その内心には、「法制度として安楽死を認めるべきだ。社会の害を減らすためにはそれがいいのだ」という考えもあったようですが、実は、「医学の未来」のなかにもそういうものが入っているところもあるので、このあたりについて、善悪に関する何らかのロジックがあるのではないかと思います。

裁判所では判断できない霊的《れいてき》な背景を探《さぐ》ってみる

大川隆法　今日は、事件に影響《えいきょう》を与《あた》えているものを呼び出してみて、もし、悪魔的なものが出なければ、容疑者の守護霊《しゅごれい》との話をすることにしますけれども、「一時間近くも人を殺し続ける」というのは、普通《ふつう》はできることではないので、何らかデモーニッシュ（悪魔的）なものがいると推定しています。その〝お告《つ》げ〟を降ろしたかもしれないものです。これは今年に憑《つ》いたものだろうと思われますが、これの意見をいちおう聞いてみるのと、宗教および常識の側から〝バトル〟してみて、何か「新しい論点」が出てくるかどうか、宗教的な論点がありうるかどうかということです。

警察等の論理で言えば、「これは犯罪者だ」「責任能力がある」「死刑《しけい》にしろ」と、これでだいたい終わると思うのですけれども、背景に違う意図があるかもしれないという感じがしています。

ドストエフスキーの『罪と罰《ばつ》』のようなものをちょっと思い出すところもあります。その小説では、主人公の貧乏《びんぼう》な元学生が家賃を払《はら》えないでいるのに、家主《やぬし》は「家賃を払え、払え」と言ってくるわけです。元学生は「強欲《ごうよく》なやつは殺してしまっても構わないんだ。それは悪ではないんだ」と思って高利貸しの老婆《ろうば》を殺してしまうという事件がありました。

そこには、「金をむしり取りに来るようなやつを殺したって、悪じゃないんだ」といった論理があったと思います。同じように、今回の事件にも、社会に迷惑をかけたり、家族を苦しみに落とし込《こ》んだり、介護している人たちを、日夜、非生産的なことで苦しめたり、あるいは、そういうところで働いていた自分も〝仕事が悪い〟というのかは知りませんけれども、「介護されるような人に主権はない」といった考えが背景にあるのかもしれません。

ただ、あとから知られたことで、本人自身の問題としては、ヤクザか暴力団、または暴走族のような人でないとやらないような入れ墨《ずみ》を背中まで入れていたのが発見されてもいます。また、刃物《はもの》を何本も用意していっています。

斎藤　あとは大麻《たいま》が……。

大川隆法　そうそう、大麻。大麻の使用ですね。

斎藤　「大麻の陽性反応も出た」ということです。

大川隆法　このように、「この世的な理由」と「宗教的な理由」の両方が絡《から》まっているかもしれないのです。

責任能力があるかどうかということについて、「心神喪失《そうしつ》あるいは心神耗弱《こうじゃく》だったので、責任能力がない」などと言ったり、「責任能力はある」と言ったりして、刑法的に判断がされるわけですが、たいていは霊的な影響があると思われます。

ただ、裁判所では、霊的な影響についてはちょっと判断ができないので、〝病気的なもの〟としての判断になることが多いのですけれども、今日は、この背景の事情を少し探《さぐ》ってみることにしましょう。

斎藤　特に、措置入院でいろいろと検査をした際、反省の言葉を口にしたために、医学的には「他人に害をなす恐れがなくなった」と判断をされ、入院から十二日後の三月二日には退院を許可されているというところは注目すべき点です。

大川隆法　これから、関係者の責任は問われるでしょう。また、それによって、障害者施設等の警備がさらに厳重になり、刑務所のようになって、もっと警備員を増強して……、という感じで大変になってきたら、ますます面倒《めんどう》なことになるかもしれないですね。

それから、場合によっては、家族への負担《ふたん》等も重くなるかもしれません。これは、将来の人権問題にもなりかねないところがあるので、善意で福祉《ふくし》をしている方々の将来にとっても大きな影響が出る恐れもあります。

そういう施設はたくさんあるでしょうけれども、もし、ここを狙《ねら》ったことに何か象徴《しょうちょう》的な意味合いがあるのならば、そのへんを今日は少し探ってみるつもりです。

本来、悪魔《あくま》を追い出すのは非常に難しいこと

大川隆法　（チャネラーの竹内に）そのようなわけで、（この場所には）容疑者がいないので、たいへん申し訳ないのですが、なるべく〝お持ち帰り〟にならないように始末《しまつ》をつけようとは思っています。場合によっては、指導研修局の人に出てきてもらって、当会のお祓《はら》い祈願《きがん》が効くかどうかをやってみるというのも、面白《おもしろ》いといえば面白いのですけれども、あなた（竹内）の苦しみがあまり長引いてもいけないので、なるべく簡潔《かんけつ》に終わらせるようにはしたいとは思っています。あなたの奥様《おくさま》に迷惑をかけないように、今日は、なるべく〝ここで終わらせる〟つもりではあります。

本当は精舎《しょうじゃ》活動推進局長あたりが出てきて、どんどんお祓いをやってみて、それで悪魔《あくま》を出せるかどうかをやったら、「本当に悪魔というのはすごいんだな」とい

うのがよく分かるかもしれません。

私がやると簡単に出ていくことがあるため、多少、みな、舐《な》めてかかっているところがあって、「本当に地獄なんかあるのだろうか」などということを言う人もいます。やはり、少しそれらしく見えないと、いけない面もあるのかなという気もします。

それでは、呼んでみます。悪魔的なもの、小《こ》悪魔、悪魔、魔王、そんなものが出てくるか、出てこなければ本人の守護霊……、まあ、いるかどうかは知りませんけれども（笑）、休んでいるか、直接、本人にかかわっているかは知りませんが、確信しているもののなかに入っているかもしれないので、それを訊《き》くつもりです。

おそらく、何か憑《つ》いているとは思いますが、とりあえず呼ばなければいけません。

殺傷事件の容疑者に影響《えいきょう》を与《あた》えている霊《れい》を招霊《しょうれい》する

大川隆法　今回、相模原市の障害者施設での大量殺人事件が起きました。それで、今現在は、犯人と思われる人が逮捕《たいほ》されていますけれども、今日は、その植松聖容《うえまつさとし》疑者に憑いているだろうと思われる悪魔に、幸福の科学総合本部に出てきてもらい、その意見を事情聴取《ちょうしゅ》してみたいと思います。

十九人を死亡させ、二十六人に怪我《けが》をさせた、障害者施設「津久井やまゆり園」元職員・植松聖にいちばん大きな影響《えいきょう》を与《あた》えている霊《れい》よ。

どうぞ、降りてきて、私の前に座《すわ》っています竹内チャネラーにお入りください。

植松聖容疑者を裏から操《あやつ》っていた霊よ。

どうか、目の前に座っている竹内チャネラーのなかに入って、その心の内を明かしたまえ。

（約五秒間の沈黙《ちんもく》）

2　なぜ重度の障害者ばかりを狙《ねら》ったのか

「社会的に必要のないやつを抹殺《まっさつ》するのは気持ちがいい」

（以下、障害者に対する差別的表現が続くが、霊人の発言のままとする）

霊人Ａ　（突然《とつぜん》、わめき出す）ヘッ、ウウアアアー！　アアアー！　アア！　ウーウア！

綾織　こんにちは。

霊人Ａ　ウ……！　ウウウ……！　ああ、肩凝《かたこ》ったあ！　ああ……。

綾織　肩が凝っている?

霊人Ａ　ああ、ああ。うーん、たくさん殺すとなあ。

綾織　ああ、ああ……。

霊人Ａ　ちょっと、肩が凝るんだあ。

綾織　肩が重くなっている?

霊人Ａ　ああ。おお……、ああん?　凝る。うん。ううん、ああ、いい切り口だったなあ。

綾織　いい切り口……。

霊人Ａ　ああーあ。ああ。ああ。

綾織　今は、警察および地検から取り調べを受けているところですけれども。

霊人Ａ　ウウー……！　（手を六回叩《たた》きながら）うーん、ああ……。

綾織　今のご気分は……。

霊人Ａ　気持ちいいねえ！

綾織　気持ちいい？

霊人Ａ　気持ちいいねえ。うーん。いやあ、社会的に必要のないやつを抹殺《まっさつ》するっていうのは気持ちがいい。

綾織　ああ、ああ……。必要ない……。

霊人Ａ　実に爽快《そうかい》な気分だなあ。

「神から愛されていない者を切る」と豪語《ごうご》する霊人

綾織　「障害者は必要ない」ということを、植松《うえまつ》容疑者も手紙に書かれていますし、取り調べでもそういうことをおっしゃっているんですね。

霊人Ａ　ああ……。ハハッ、ハハッ（笑）。まあ、まあ、まあ、まあ、一人じゃない。植松というやつは一人じゃないんだ。うん。

綾織　一人じゃない？

霊人Ａ　まだまだ続いていくんだ。

綾織　これからも、そういう考え方の人を……。

霊人Ａ　そう。「序曲《じょきょく》」ですよ。「最初の章」が（私の）仕事ですから。だから、何か、世界中でテロが、ドイツも、フランスも、いろんなところで起きてるわな。

綾織　そうですね。

●ドイツも、フランスも……　2016年7月24日、ドイツ南部のアンスバッハの野外音楽祭の会場付近で、シリア人の男が爆発物を爆発させ死亡し、15人が重軽傷を負う事件が発生。7月14日、フランス南部のニースで、花火の見物客らへ大型トラックが突っ込む事件が発生、84人が死亡した。どちらの事件の容疑者も「イスラム国」と関係があったとされ、テロ行為であると見られている。

霊人A　日本もそろそろ、〝宗教的な儀式《ぎしき》〟を起こさねばいかんだろう。

綾織　ほう。〝宗教的な儀式〟なんですか。

霊人A　〝宗教的儀式〟を。うーん。

綾織　それはどういう宗教なんでしょうか。

霊人A　だから、どの宗教においてもな、やはり、「神に愛されていない者」というのは存在するわけなんだな。

綾織　はあ。

霊人A　私はそれを、まあ、ミカエルの如《ごと》くなあ、バッサバッサと、サタンの子たちを切り捨てていったわけだ。

綾織　「サタンの子」ですか。

霊人A　神はわしを、今、祝福しておるはずだなあ。うーん。

障害に対する独自の差別観を展開する霊人

大川隆法　「ミカエルの如し」と言いましたから、「神に代わりて大天使の役割をした」ということですか。

霊人A　うん！

●ミカエル　キリスト教等における大天使の１人で、七大天使の長。天使の大軍を率いてサタンと戦い、神の威勢を示したとされる。幸福の科学の霊査によれば、真理流布や魔軍掃討などにおいて、天使たちを指導・統率する役割を持ち、悪魔の働きを止めるような大いなる力を与えられている。8次元如来界の最上段階（狭義の太陽界）の住人（『永遠の法』〔幸福の科学出版〕等参照）。

大川隆法　ふーん。

綾織　「サタンの子」ということは、「すでに呪《のろ》われている存在である」と？

霊人A　そう。生まれながらにして呪われた子供たち。生まれながらにして呪われた人種だな。うん。

大川隆法　うーん。

霊人A　その人種たちがたくさんいるところを襲撃《しゅうげき》して、社会的に見て、「日本国民の穢《けが》れた血を浄化《じょうか》した」という言い方が正しいかね。

●サタン　キリスト教等における悪魔。元は天使であったが、神に反抗し、天国を追われ、悪魔になったとされる。幸福の科学の霊査によれば、元はルシフェルといい、いわゆる七大天使の1人であったが、約1億2千万年前、地上にサタンという名で生まれたとき、地位欲や物質欲等に溺れて堕落。ルシファーという名で地獄の帝王となった（『太陽の法』〔幸福の科学出版〕等参照）。

綾織　「障害者の方々がいると、日本国民の血が穢れる」と?

霊人Ａ　穢れる。うん。穢れる。

綾織　ほう。

霊人Ａ　日本国民というのは、優等《ゆうとう》な民族なんでな。ああいう穢れた人間というか、人種というか。差別……、〝差別種〟と言ってもいいかもしれんが、そもそも差別をされてつくられた人種は障害を持った人間なんだ。もう、重複《ちょうふく》障害なんて、その最たる例だな。

綾織　ああ。「重複障害の方は、呪われている」と?

霊人A　うん。神に呪われたから、今回は障害を持って生まれてきたんだよ。われわれ人間は、健康な体で生まれてきたやつは神に愛されているから、健康な体で……。

綾織　それは、「魂《たましい》として呪われている存在」だからですか。

霊人A　「魂」なんかあとでいいんだ。とりあえず肉体が健康で、筋骨隆々《きんこつりゅうりゅう》で力強いやつもいれば、ひ弱な男もいるが。
まあ、いろいろ生まれてるにしても、神がどれだけ愛されているかが、今世《こんぜ》、どのような肉体を持って生まれるかに関係している。今世、頭脳や体が思うように動かないっていうことは、神に……、これは、アダムとイブの初期のころにあった罪をな……。

大川隆法　リンゴの……。

霊人A　ああ。リンゴをな、知恵《ちえ》の木《き》の実を食ったやつが、このなあ、障害者の原点にあるんだよ。うん。

大川隆法　うーん。キリスト教的に来ますね。

綾織　一方で、「日本人の血」ということもおっしゃっていて、キリスト教の方？　日本の方？　どっちなんですか。

霊人A　うん？　植松は日本人だよ。

綾織　それはそうですね。

斎藤　あなたは？

霊人Ａ　私は……、うーん。いや、「日本人」ではあるんだけど、「キリスト教的な思い」を非常に持っておる。

綾織　ほう。

霊人Ａ　刀は「日本人の心」だからな。刃物《はもの》を持って。

綾織　日本の人でもあるわけですね。

霊人Ａ　うん、うん。

「大量殺人」でありながら、「無差別殺人」とも違《ちが》った今回の事件

大川隆法　確かに、人殺しが連続で行われていて、五十分で四十何人も刺《さ》しているので、これは、一分に一人刺しているぐらいの速度です。

霊人Ａ　そうなんだよ。急所を心得てるの。首を掻《か》っ切ったやつが多かったんだよな。

大川隆法　二、三百メートルの距離《きょり》を動きながらもやっていますけれども、それでも、重複障害者を主として選んで刺しています。軽度の人は外してというように、妙《みょう》に理性的にやっているんですよね。

霊人Ａ　そうです。

斎藤　職員も一切殺《いっさい》さなかったんですよね。

霊人Ａ　いやあ、職員にも邪魔《じゃま》なやつはいたけどもね。うーん。

斎藤　障害者の方だけを狙《ねら》ったんですね。

霊人Ａ　だから、職員は、別に、肉体は健康体であるからして。

大川隆法　ですから、「大量殺人」ではあるのですが、「無差別殺人」とも違《ちが》うのです。

綾織　それは、重複障害者を冷静に見つけて……。

霊人Ａ　うん。重複障害者や重度の障害を持ったな……。

綾織　重度の人を狙った？

霊人Ａ　重度の障害を持った者で、「こいつは、ある意味、日本人の穢《けが》れた部分である」と判定した者は抹殺《まっさつ》。

それで、私は、この〝浄化活動〟をわずか一時間の間に成したけれども、三島由紀夫《みしまゆきお》のように、最初に発令した私の精神、考え方に則《のっと》って、あとを追う者が多々出てくるだろう。

事件の容疑者を指導し始めたのはいつごろか

大川隆法　でも、なぜ、そういう人が障害者施設《しせつ》に勤めることになったのですか。

●三島由紀夫（1925～1970）　日本の小説家。東京大学法学部卒。代表作は『憂国』『豊饒の海』など。晩年、民兵組織「楯の会」を結成し、右翼的政治活動を行う。1970年11月25日、陸上自衛隊市ヶ谷駐屯地において自衛隊員にクーデターを呼びかけるが果たせず、割腹自殺した。

霊人Ａ　それは、だから、犯行を計画するためですよ。

大川隆法　犯行を計画するために？

霊人Ａ　うん。

大川隆法　ふーん？

霊人Ａ　だから、重度障害のやつたちの実態をちゃんと認識して……。

綾織　地上の植松容疑者は、どこで、その問題意識を持ったのですか。

霊人Ａ　いや、植松容疑者っていうのを、わしが指導したのは、この最近だからさ。

綾織　ああ、最近なんですか。

霊人Ａ　うん、うん。

綾織　そうしますと、彼は二〇一二年十二月ごろから、その施設で仕事を始めていると思うんですけれども。

大川隆法　約三年三カ月働いて、今年の二月ごろにクビになったのでしたか。

霊人Ａ　うん。そうだな。

大川隆法　自主退職というかたちにはなっていますけれども。

霊人Ａ　そう。その界隈《かいわい》で、その近辺で、私も……。

大川隆法　ただ、辞《や》めさせられた理由として、そのときにはすでに、「殺したほうがいい」というような思想を持っていたのでしょう？

霊人Ａ　そうそう。

「神のお告《つ》げ」として伝えた言葉とは？

天雲　一月ごろに「お告《つ》げ」があったというのは……。

大川隆法　そうそう。お告げがあったというあたりには……。

天雲　それは、あなたからの「お告げ」ですか？

霊人Ａ　お告げはありましたよ。そうですよ。うーん。

綾織　そのときのお告げの言葉というのは何ですか。

霊人Ａ　うん？　だから、「革命を起こせ」ですよ。

大川隆法　革命！（笑）革命ですか。ああ、そうですか。

霊人Ａ　うーん。「穢れた民族を浄化せよ」と。

綾織　おお……。

霊人Ａ　「穢れた民族のなかの穢れたる種族を浄化せよ」と。

天雲　そうですか……。

霊人Ａ　それで、この血をな？　「血の儀式」なんだよ、これは。血を大量にな……、すごかっただろう？

大川隆法　うーん。

霊人Ａ　この穢れた血を大量に病室に……、病室じゃない。障害者の施設のところに撒《ま》き散らすことによって、浄化されるんだよ。

つまり、内部に持っとるから穢れてるんであって、この血を外部に出すことによって、この穢れた血がな、日本民族の日本の風土《ふうど》において浄化されるんだよ。

大川隆法　まあ、一種の「粛清《しゅくせい》の思想」ですね。今、「革命」という言葉も言ったけれども、粛清するかたちの……。

霊人Ａ　うーん。

「殺されたほうも喜んでいる」と主張する、その理由とは

斎藤　ただ、ナイフで刺したときのことですが、重度の障害をお持ちで体が不自由であり、まったく抵抗《ていこう》ができない方であるにもかかわらず、夜、睡眠《すいみん》しているところを狙うなんて、ひどすぎるじゃありませんか。

霊人A　あのねえ、君、間違ってるのがねえ、殺されたほうも〝喜んどる〟んだよ。

斎藤　え？　どういうことですか。

霊人A　殺された者はねえ、この苦しい肉体を持って、神に恨《うら》まれて、神を恨んどるわけだ。彼らは、これ以上生きれば生きるほど、神への恨みが募《つの》っておるから、わしは、その神への恨みを、今の時点で切ってあげたんだよな。

斎藤　では、あなたは、「苦しみから解放した」というように言われるのですか。

霊人A　解放した。うん。解放した。

大川隆法　容疑者は、遺族《いぞく》に対しては、「突然にお別れをさせるようになってしまったことに対しては申し訳ないことだと思っている」というようなことを言っているのだけれども、殺された人たちに対する謝罪やお詫《わ》びの気持ちは言っていないようです。

綾織　そうですね。警察にも「反省していない」ということをはっきり言っていました。

大川隆法　「いいことだと思っている」ということなのでしょうか。

斎藤　植松容疑者は、去年、知人に対して、「障害者は死んでくれたほうがいい。そのほうが家族は楽なんだ」というように言ったらしいのですが。

霊人A　ああ、それは、この世的に見たら楽なのは、もちろんそうだよ。重複障害者や重度の障害を持ってるやつの世話がどれだけ大変かは、（施設に）勤《つと》めた人間しか分からんからさ。二十四時間体制で、もう、どれだけ大変な毎日を生きとるか。これを支え続ける家族とね。

しかも、これには「終わりがない」んだよ。病気ならまだ〝終わり〟があるだろ？　治るってことがあるけど、障害の場合は終わらないんだ。もう、一生続くものなんだ。

容疑者は劣等《れっとう》感の塊《かたまり》で、何か自分の名を刻みたかった？

大川隆法　植松容疑者は、大学まで行っていますし、教員になろうとして、インターンでは小学校の教員をしています。

綾織　そうですね。教員免許《めんきょ》を取ろうとしたということです。

大川隆法　そのときは「非常に優《やさ》しい先生だった」と言われていて、評判は悪くなかったようですし、彼の昔を知っている人たちも、「明るい青年だった」というような言い方をしているので、何か転機《てんき》があったのではないですか。

霊人Ａ　いや、もう劣等感《れっとう》の塊《かたまり》だから。

大川隆法　劣等感だった？

霊人Ａ　うん。だから、彼自身も、自分がスーパースターになりたかったけども、教育者においても、なかなか、そうした何らかの……。だから、「教育者になりたい」っていうのには、一種のヒーロー願望があったんだよな？

大川隆法　うーん。

霊人Ａ　とにかく、何らかのかたちで自分の名を刻《きざ》みたい思いはあって。まあ、最初は生徒たちにも思いがあったんだろうけども、まあ……。

大川隆法　逮捕《たいほ》されたあとの映像を観《み》ると、何か、にこやかに笑ったりしていて、愉快犯《ゆかいはん》に見えるようなところもありましたね。

霊人Ａ　そう、そう、そう、そう、そう。達成感の塊。

大川隆法　達成感ですか。

霊人Ａ　そうですよ。

大川隆法　「達成した」わけですね。

霊人A　見事、使命を果たしたのよ。

上写真：リーディングを試みる大川隆法。
下写真：チャネラー（左）に霊を入れて、今回の事件について尋《たず》ねる大川隆法（右）と質問者たち（中央３人）。

3 今回の事件は「革命の第一幕」だった!?

「救いの第一幕は障害者を、第二幕は高齢者《こうれいしゃ》を殺すこと」

斎藤　「犯行直後と思われるときには、『世界が平和になりますように』とツイッターに投稿《とうこう》していた」というように報道されていますけれども。

大川隆法　そう。それはまこと不思議ですよね。

霊人A　だから、平和に向けての一手を打った。これは革命の一幕だから。第一幕が、今、切って落とされた。

綾織　そこのところが少し分かりにくいのですけれども、「障害者の方を殺すこと」と、「世界が平和になること」というのは、どうつながっていくのですか。

霊人Ａ　うん？　だから、今、人間が苦しいのは、苦しくさせてる一部の人間がいるからなんだよ。この人間の穢《けが》れた部分というのを、日本国民のなかで、まずは……。今、わしは「障害者」って言ったけど、障害者以外にもいるはずだ。

つまり、「この国が平和にならない。不幸な人が増えている」ってのは、絶対、誰《だれ》かがうまい飯《めし》を食ってねえ、やっとるんです。絶対、どっかに悪いやつがいるはずだ。

綾織　その「悪いやつ」を倒《たお》すのであれば、まだ、分からなくはないのですが。

霊人Ａ　違《ちが》う。だから、悪いやつを倒す前に、こういった重度の障害を持ってるやつには「救い」なんだって。さっきも言ったけど、殺されることによって救われるんだって。

大川隆法　ああ……。

霊人A　わしは、まだ、「救いの第一幕を上げた」って、「一幕」と言っただろうが。だから、どれだけあいつらが……、彼らが苦しい日々を生きていて、わしが今、殺したことによって、安楽の世界に入っていったか。この考えを、世間《せけん》の人は認知《にんち》してない。これが分かってない。

大川隆法　では、それを「第一幕」と言うなら、例えば、人間は年を取ったら、ボケたり、認知症《にんちしょう》などになって徘徊《はいかい》したりして、いろいろと介護《かいご》が重度になる人が多いけれども、「そういう老人なども殺してあげたほうがいい」という考えも、思想的には同じになりますよね。

霊人A　そう。だから、今、第二幕はそこですよ。第二幕として、「高齢《こうれい》化社会の解決には、高齢者を殺せばいい」んですよ。

大川隆法　それだったら、「看護師か誰かが注射を打っていくだけで殺せてしまう」ということですか。

霊人A　そうです、そうです。だから、家族がみんな、自分の父親、じいさん、ばあさんを殺していけば、若者が、もうあんな税金問題に苦しまなくて済むだろう?

大川隆法　うーん。

斎藤　最近、アルツハイマー病が非常に多くなっており、「老老介護《ろうろうかいご》」と言いまして、「おじいさんがおばあさんを、おばあさんがおじいさんを」というように、大変な感じになっています。

霊人A　そうそう。あの税金がどのくらい無駄遣《むだづか》いされてるか、この社会保障費のために、私たち若い人が働いた血税が、どれだけ無駄にされてるか。だから、そのために、第二幕は「高齢者の殺害」です。

大川隆法　夜中に徘徊している老人などを捕《つか》まえるのも、もう大変な労力が要《い》りますし、病院のようなところで革紐《かわひも》で縛《しば》ったりするのも大変なことだと思うので、確かに、現場にいる人が過労すれば、「もう早く死んで、生まれ変わってくれたほうがいい」というような気持ちになることもあるとは思いますが。

類似点《るいじ》が見られるヒトラーとの関係性を探《さぐ》る

斎藤　ただ、植松《うえまつ》容疑者は犯行直後に、「beautiful Japan《ビューティフル ジャパン》!!!!!!!」というような投稿をツイッターにされていますよね。

霊人A　うーん?

斎藤　犯行直後ですよ。それがどうして「beautiful Japan」なのですか。

霊人A　それは知らん。わしは、そら知らん、別に。

斎藤　指導しているあなたのほうは知らないのですか。

霊人Ａ　うん。そんな細《こま》かいことまで見てないけどさあ。

大川隆法　でも、「純血《じゅんけつ》」の感じのあれは、ややありますね。ヒトラーなんかも、ユダヤ人を排斥《はいせき》するのに、「アーリア民族の純血」みたいなことも、けっこう言っていました。

綾織　ユダヤ人虐殺《ぎゃくさつ》の前には、障害者を殺すということもやっていました。

大川隆法　ああ、そうそう。そういうのもありました。

綾織　あなたは、そこにもかかわった人ですか。

霊人Ａ　あ?

綾織　●ナチス・ドイツで、ユダヤ人虐殺があったのですけれども、その前には、障害者の方々を七万人も殺していったと言われています。そこにもかかわっていますか。

霊人A　あれは、わしというか、ヒトラー総統《そうとう》が（指揮を）やっとったからねえ。

綾織　ほう。

霊人A　うん。直接的に私がやったわけではないけども、まあ、「お手伝い」をしたことはあったかもしらんけどねえ。

綾織　お手伝い？

●ナチス・ドイツで……　本収録翌日の7月28日の報道によると、植松容疑者は2016年2月の措置入院中、医師に「ヒトラーの思想が2週間前に降りてきた」と話していたことが分かった。

霊人A　うーん。

綾織　ヒトラー総統とお友達なんですか。

霊人A　まあ、「ユダヤ教」っていう意味では、近いものがあるわなあ。

綾織　ユダヤ教なんですね。

霊人A　ユダヤ教じゃない。「ユダヤ教を迫害《はくがい》した」という意味では、うん。

綾織　ああ、・・・・・・ユダヤ教を迫害した。ユダヤ教迫害もヒトラーと一緒《いっしょ》にやった?

霊人A　うーん。フッフッフ（笑）。

綾織　「フッフッフ」というのは、どういう意味ですか。

霊人A　だから、ちょっと違うんだよ、そういう意味では。

綾織　違うのですか。

霊人A　うーん。

天雲　どのへんが違うのでしょうか。

霊人A　私は愛国心があるから。

天雲　愛国心がある？

霊人Ａ　うーん、日本に対する。

天雲　それは日本特定ですか。

霊人Ａ　だから、ヒトラー総統は、ドイツの、あちらの思いでやった。私は、別に、ユダヤ人を迫害したくてやったっていう張本人《ちょうほんにん》ではないからさ。君ら、それで枠《わく》に当てはめようとするのは、浅はかだと思う。

大川隆法　日本の純血主義ですか。

霊人Ａ　うん、うん、うーん。

綾織　そういう考え方というのは、過去、日本のなかではあまり出てきていないというか、特異《とくい》な印象を持ってしまうんですけれども、日本の方なんですね？

霊人Ａ　うーん。まあ、日本人ではあるなあ、わし自身はな。

外国からの移民に対して特別な感情は持っているのか

大川隆法　例えば、中国や韓国《かんこく》、北朝鮮《きたちょうせん》、その他、いろいろな外国からの移民もありますが、移民をする人々に対しては、何か特別な感情を持っていますか。

霊人Ａ　ああ、まあ、日本には移民は来てないから、まあ、そんなに気にはしてないんだけども。

大川隆法　そういう方向ではなくて、やはり、主としては、病人や障害者のほうですか。

霊人A　そう。だから、日本に移民が入ってくるようになったらちょっと考えるけれども、今のところは、別に、東南アジアのほうとか韓国のほうとか、中国とかから移民が来てるわけではないからねえ。多少、外国人観光客が増えてる程度だろう？　まあ、その程度なら、わしは別に、まだそこまでは思わない。

大川隆法　うーん。

霊人A　だから、これが移民として、何百万とか、一千万単位で入ってくるようになってきたら、ちょっと、「次なる計画」を考えねばいけないかなあ。

大川隆法　まあ、（質問は）「障害者のほうの論点」に、もう少し絞《しぼ》ったほうがいいのかもしれないですけれどもね。

「神の愛とは結果」と言い張る霊人

斎藤　あなたは、「健康であると神に愛され、不健康であると神に愛されない」という発想なんですか。

霊人A　そうだ。うんうん。

斎藤　それは、どこに考え方の定点《ていてん》があるのですか。要するに、地上で健康なら神に愛されるのですか。

霊人A　結果だよ、結果。「神の愛」っていうようなものは「結果」なんだよ。

斎藤　神の愛は「結果」なんですか。

霊人A　うーん。「愛が結果として表れてるかどうか」なんだよ。

だから、健康な体ってことは、その人が過去に積んできたいろんなものがあって、今世《こんぜ》、健康な体で生まれてるわけだけども、今世、障害を持って生まれてるってことは、神からそうとう恨《うら》まれて、罪を持った人間として生まれているということだ。

その人間をこの地上から抹殺《まっさつ》することは、神の願いでもあると同時に、その罪に苦しんでる人間の罪を、なるべく軽くしてやって帰天《きてん》させてあげることも、私たちの使命であるし、本人自身の魂《たましい》も、今、救済されて〝喜んどる〟わけだ。

斎藤　ただ、世界の偉人《いじん》のなかには、ヘレン・ケラーのような方もいます。まあ、彼女の場合は、生まれつきというよりは途中《とちゅう》から障害を持ったのかもしれませんけれども、三重苦《さんじゅうく》といわれるかたちで……。

霊人Ａ　ヘレン・ケラーってのは、もう〝間違った思想〟を伝えた最たる張本人じゃないか。

斎藤　彼女が「間違った思想」ですか。

霊人Ａ　うーん、障害者が、なあ？　天使のような素振《そぶ》りを見せてな。だから、「障害者は悪魔《あくま》なんだ」と言ってるんだ。

斎藤　いや、天使そのものの生き方のように感じますけれども。

三重苦を乗り越えた奇跡の人、ヘレン・ケラーが語る、障害者たちの聖なる役割とは。
『ヘレン・ケラーの幸福論』
（幸福の科学出版刊）

霊人Ａ　あれは、ほんとは悪魔なのに、天使の顔を一生懸命《いっしょうけんめい》に見せてたんだ。

斎藤　（苦笑）本当に、そんなふうに……。

大川隆法　確かに、サリバン先生が来ても暴《あば》れていたときあたりは、小悪魔のようであったというのはそのとおりかもしれません。そのままで放置すればね。

霊人Ａ　障害者って、ある意味で霊能者《れいのうしゃ》みたいなもんで、好きなだけ（霊が）入れる状況《じょうきょう》でもあって。まあ、主体的な生き方ができないんだからね。こんな人間は危険じゃないか、社会的に見たってて。

大川隆法　その考え方からすれば、例えば、障害者の結婚《けっこん》についても、やはり「問題あり」と考えているわけですか。

霊人Ａ　問題ですよ。遺伝性が強いんですからね。障害者の子供として障害者が生まれて、さらに日本民族に障害者が増えていって、神が愛してない人間が日本に増えていく。それを止《と》めるには、障害者を殺す。

日本人でありながら、キリスト教的なものに惹《ひ》かれる？

天雲　あなたが信じている宗教というのはあるのでしょうか。先ほど、「宗教儀式《ぎしき》」とおっしゃいましたが。

霊人Ａ　うーん。まあ、キリスト教的なものに惹《ひ》かれはするんだな、やっぱり。

天雲　日本人でありながら、キリスト教に惹かれる？

霊人A　うん。うん、うん。

綾織　キリスト教そのものではないのですか。

霊人A　「耶蘇教《やそきょう》」といって日本に伝わってきたような感じがするんだけども。

綾織　ああ。では、まさに受け入れる側なのですね。

霊人A　うん、うん。

綾織　キリスト教、耶蘇教を信仰《しんこう》していた？

霊人A　うん。

綾織　ということは、伝わってきた当時、あなたは日本にいらっしゃったわけですね。

大川隆法　でも、それはおかしいですね。

イエス・キリストは、目が見えない人の目を見えるようにしたり、蹇《あしなえ》、つまり、足が萎《な》えて立てない人を立たせて杖《つえ》を要らなくしたり、寝《ね》たきりの人に、「立ちて歩め」と言って歩かせたりしましたので、病気治しは、キリスト教の正統性をつくるための、かなり大きな一本の柱です。

しかし、イエス・キリストが、病人を憎《にく》んで、「おまえみたいなやつは、生まれてくるべきでなかった」というようなことばかり言ったら、それは大変なことになります。

霊人A　まあ、それは初期の教えだろうが。

大川隆法　まあ、もちろん、「神の御業《みわざ》が現れている」という言い方をする場合もありますけれどもね、そういうカルマ的なものは……。

霊人A　そのあとは、十字軍を見ても分かるように、ジャスティス（正義）はちゃんと示さなきゃいけないときが来て。イエスという人は、「政治的な教え」は説いておらんからなあ。

やっぱり、日本国というのを考えたときには、ある程度の「革命」というか、まあ、さっき「粛清《しゅくせい》」とも言っとったが、そういうものは必要なんだよ。

第一段階、第二段階、第三段階の計画を語る

大川隆法　そうすると、目標としているのは、こうした「重度の障害を持っている

人を殺す」こと。それから、「老人で、社会の役に立たずにお荷物《にもつ》になっているような人も消したい」ということですね？

霊人Ａ　そう。うん。

大川隆法　ほかにはありますか。

霊人Ａ　うーん。次は、やっぱり、要人《ようじん》だから、「政治家」、「社長」。そういった連中かな。

要するに、社会で注目されとる人間だな。まあ、このあたりは、もう少し計画的な犯行が要るけど。

斎藤　それは三段階目ですか。

霊人A　うん。

天雲　「健常者《けんじょうしゃ》でも殺す」ということでしょうか。

霊人A　うん。

綾織　うん？　政治家や社長、普通《ふつう》にいる方たちを殺す？

霊人A　だから、最初は、純血を保つために、そういった「穢れた血」を消すのが第一段階だ。

第三段階においては、まあ、平等な社会を実現するためには、邪魔《じゃま》なやつらがいるだろう？　ここを消していかなきゃいけない。ただし、二段階目はまずは高齢者だわな。
そして、若い人たちによる新しい時代を築くんだよ。

綾織　若い人の社会なのですか。

霊人A　若い人。うん。だから、社会的に要らんやつを消していきたいんだよ。

綾織　政治家、社長は要らない？

霊人A　要らない。

大川隆法　少し共産主義的にも見えますが、共産主義の思想のなかには弱者に優《やさ》しいところもあることはあるので。

綾織　そうですね。

大川隆法　これは、どうなのでしょうか。この思想のルーツは何なんだろうね。

霊人A　知らん。

綾織　最終的には、若い人たちの平等な社会ができればいい？

霊人A　いや、若い人と限定はしないけども、「平等な社会」と「平和な社会」を築きたい。一部の人間だけに富が集まるのも認めんし……。

大川隆法　うーん。そちらに来ましたか。

霊人A　一方で、社会的に機能不全に陥《おちい》ったやつが、この国民を穢していくのも許せん。

4　容疑者に影響《えいきょう》を与《あた》えた霊《れい》の「正体」を探《さぐ》る

「純血《じゅんけつ》が大事」という思想は、どこから来ているのか？

天雲　純血《じゅんけつ》も大事？

霊人A　うん。

大川隆法　純血……。「血を浄《きよ》める」というか、そういう「純血にする」儀式《ぎしき》を伴《ともな》う宗教はあったでしょうか。

斎藤　血を浄める宗教……。血を大切にするのは、「ものみの塔《とう》」というか……。

大川隆法　ああ、輸血を拒否《きょひ》する……。

斎藤　はい、「エホバの証人」です。

大川隆法　ああ、輸血拒否をしていましたね。

斎藤　ええ。教団名ではですね。純血系で行くと……。

大川隆法　日本神道《しんとう》系には見当たらないし、仏教系も、それをそんなに言うとは思えないですね。あとは、性病系の何かそういうものにかかわっているようなところあたりだったら、少し気にするかもしれませんが……。

斎藤　そうですね。ただ、やはり、いちばんはナチス・ドイツのところが……。

大川隆法　ちょっと、匂う。

斎藤　ええ。いちばん……。

大川隆法　「何となく、匂うな」という感じが、少しありますね。

斎藤　記録によると、ナチス・ドイツは、一九三三年七月に、「遺伝性疾患《しっかん》子孫《しそん》防止法」を出しています。精神疾患の方とか盲人《もうじん》の方とかがその対象になって、優生《ゆうせい》学《がく》を盾《たて》に、「身体障害者を断種《だんしゅ》し、子孫を残さない」ということをやっていたということがありました。表面的には、それに近いところがありますけれども。

大川隆法　右翼《うよく》の思想のなかには一部、そういうものに似ているものもあるかもしれません。「民族を強くするためには、劣化《れっか》する血を淘汰《とうた》する」というような考えがあるのかもしれないけれども。

「三島由紀夫《みしまゆきお》のように、起爆剤《きばくざい》になろうとした」

綾織　先ほど、「三島由紀夫《みしまゆきお》の考え方を受け継《つ》いでいる」ということをおっしゃっていましたけれども。

大川隆法　三島由紀夫の名前が出ましたね。

霊人A　うーん。

大川隆法　（植松《うえまつ》容疑者は）若くて、二十六歳《さい》ですから、三島由紀夫を知っているのかどうか分かりませんけれども。うーん……。

綾織　（三島由紀夫と）近いですか。

霊人Ａ　三島由紀夫は近いところに……。ああいう、「起爆剤《きばくざい》」になろうとした。

大川隆法　感じとして、少しそれは感じました。

霊人Ａ　わしは、「起爆剤」になろうとした。

大川隆法　最初から、「殺して自首《じしゅ》する」と（衆院議長宛《あ》ての手紙に）あったので。まあ、死刑《しけい》になる気持ちはあったのでしょうから。

霊人A　そうそう。潔《いさぎよ》いでしょ？　国のために、「七生報国《しちしょうほうこく》」の精神じゃないけど、自《みずか》らの身を捧《ささ》げたんですよ。

大川隆法　「三島由紀夫的に革命を呼びかけて、失敗したら自決する」というような気持ちもあったのかなという気は、少しだけしたのですけれどもね。

霊人A　そう。そういうことです。だから、達成感に満ちてるわけですよ、本人だってな。

大川隆法　ただ、うーん……。障害者の施設《しせつ》を見ていて、「動物みたいに見える」、「こんなやつは生きている資格がない」というようなことを言っています。そのような気持ちを持つのも分からないでもありませんが、仕事として嫌《いや》だったら、ほかの仕事をすれば済むことでしょう。そこまで、その仕事にこだわってやる必要があったのかなという気もするのですが。

斎藤　なぜ、彼（植松容疑者）を対象として選んだのですか。

霊人A　いやあ、「不満」がそうとう溜《た》まっとったからねえ。

斎藤　不満が？　彼のお父さんも教師で、自分も教育実習生として小学校に……。

霊人A　いやあ、彼はね、行動力があるんですよ。

斎藤　行動力があった？

霊人A　うん。まあ、あと、私が入ってね。

斎藤　ちなみに、彼は、今年ではなくて、昨年に、路上で傷害事件を起こして、捕《つか》まって、送検されたということが記録にも残っていますけれども。

霊人Ａ　そんなことは知らねえなあ。

斎藤　ああ、そうですか。

容疑者が入れ墨《ずみ》を入れていた理由とは？

大川隆法　容疑者は入れ墨《ずみ》を入れたりしていますね。

霊人Ａ　そう。そう、そう、そう、そう。

大川隆法　ああいう趣味《しゅみ》というのは、何か関係が……。

霊人Ａ　だから、やはり、〝突《つ》っ込《こ》む〟っていうのは、何らかの〝衣装《いしょう》〟を着たいじゃないですか。

大川隆法　ああ。「右翼」か「やくざ」の気分は少しあるのでしょうか。

斎藤　では、それを指導されたんですね？　入れ墨を入れるようにインスピレーションを降ろされたんですか。

霊人Ａ　やっぱり、ねえ？　〝散って〟いくわけだから。

大川隆法　なるほど、なるほど。やくざの抗争《こうそう》のような感じですね？

霊人Ａ　うん、そうそうそうそう。

大川隆法　任俠《にんきょう》の世界も、少し関係があるのかもしれませんね。

霊人Ａ　そうそう。だから、その象徴《しょうちょう》として、自分の独自の〝衣装〟が要《い》るでしょう？　衣装というか、入れ墨というか……。

（斎藤が持っている容疑者の入れ墨の写真を指して）ああ、そうそう、そういうものだよ。

斎藤　（写真を持ち上げて見せながら）ああ、これですね。恐ろしい般若《はんにゃ》の〝あれ〟ですね。背中に……。

霊人A　だから、たとえ何かあったとしても……。要するに、私の「思いの象徴」というか、「志《こころざし》の象徴」が、そこにある。

斎藤　志が「般若の面」ですか。

霊人A　うーん。いや、何でもいいんだけども、そういった入れ墨のところに表れていて。これが植松という人間の「志」なんだよ。だから、自分のために生きるんではなく、国家のために生きるという……。

計画を実行するために必要な知識を与《あた》えていたことを明かす

大川隆法　「大麻《たいま》を吸っていた」ということについては?

霊人A　大麻?　まあ、大麻は、わしが入りやすくするために必要だったかもしれんがな。

斎藤　あなたが入りやすくするため？

霊人Ａ　大麻っていうのは、まあ、インスピレーションを得やすくなるもんだからなあ。

だから、殺傷のところだって、彼は別に独自でそんな勉強しとらんけどもね。あれだけの殺傷ができて、ナイフも何本か要るっていう知識まで持っていなかったはずだ。それは、わしがちゃんと教えてやった。

斎藤　刃物を五本ぐらい持っていたという報道もありますし……。

霊人Ａ　そうそうそう。人間ってのはねえ、二、三人と……。

大川隆法　「四百七十人殺せる」と、衆議院議長への手紙にも書いていましたが。

霊人Ａ　ほんとはもっとナイフが要るし、日本刀みたいな、もっとおっきな刀が必要なんだが、まだ所持しておらんかったんでなあ。

綾織　あなたご自身が、武士か何かなんですか？

霊人Ａ　武士？　うーん……。

天雲　先ほど、「刀は日本の心」とかおっしゃっていましたが。

大川隆法　「昔も殺人鬼《き》だった」とか。「たくさんの人を殺して、すごい快感を持っていた」とか……。

霊人Ａ　うーん、まあ、「殺した記憶《きおく》」はあるよね、確かに。殺した記憶はある。

大川隆法　その筋《すじ》なのでしょうか。

霊人Ａ　殺したあとね、やっぱ、〝血がうまい感じ〟がするんだよな。

斎藤　血がうまい？

霊人Ａ　うん。

大川隆法　ドラキュラかというような……。

霊人Ａ　刀を滴《したた》る血が、何かこう……。

霊人の過去世《かこぜ》は宗教弾圧《だんあつ》をしていた人物？

綾織　先ほど、「耶蘇教《やそきょう》が入ってきたとき」という話がありましたけれども、その時代ですか。

霊人Ａ　ええと……。

綾織　室町《むろまち》、戦国時代にいた方なのですか。

霊人Ａ　戦国……。いやあ、もうちょっと時代は下《くだ》ってる気がするな。

綾織　江戸《えど》時代ですか。

霊人Ａ　うーん。意外に幕末かもしれないねえ。

綾織　ああ、幕末。

霊人Ａ　うん。

大川隆法　異端審問《いたんしんもん》のようなもので、けっこう殺したような人の可能性はありますね、この雰囲気《ふんいき》は。

斎藤　ああ、異端審問系もありますね。

大川隆法　ただ、体に障害がある人のところへ行って、個人で犯行に及《およ》ぶというのは、幕府などの要職にいて、革命家を殺したような、そういう政治性とは少し違《ちが》うものは感じますね。そうとは思えません。同じには思えないものがあるので。

綾織　当時は、誰《だれ》を殺しました？

霊人Ａ　（約十秒間の沈黙《ちんもく》）うん……。うーん、意外になあ、耶蘇教のやつらを殺してるんだ（笑）。

綾織　ほお。

大川隆法　「耶蘇教のやつらを殺している」？　まあ、キリシタン弾圧《だんあつ》はけっこうありましたから、それはあるかもしれないけれども。

霊人Ａ　耶蘇教。あと、仏教も入るなあ。なんか、どうも宗教をとにかく……。

斎藤　宗教弾圧系ですか。

霊人Ａ　うん。

障害者を救う施設《しせつ》の「キリスト教精神」に反発しているのか

大川隆法　耶蘇教の人を殺したとすると、障害者を救う施設《しせつ》のなかの、キリスト教精神のようなものに反発しているというところはあるのかもしれませんが。

斎藤　ああ、「弱い人を救う」ことに対する反発心でしょうか。

大川隆法　まあ、ホスピスのような。

斎藤　ああ、ホスピス。

大川隆法　「マザー・テレサ風の、ああいう救済活動のようなものは嫌《きら》い」というような感じの〝あれ〟なのかもしれませんが。

霊人Ａ　チッ（舌打ち）、あんなの、「愛のかたち」じゃないね。苦しみを長引かせてるだけだから。

斎藤　ああ、もしかして、「苦しみを短くさせて、殺してあげることが愛だ」と、そう思っているのですか。

●ホスピス　死期が近い人の身体的、感情的な苦しみを和らげる目的でつくられた医療施設や病院のこと。ホスピスの語源は、巡礼者などを泊める宗教団体の宿泊所から来ている。

霊人Ａ　あの世に送ってやることが「愛」ですよ。だから、わしは、苦しまずに済むように、一刀の下《もと》に斬《き》り捨ててるんだよな。

大川隆法　ああ、「安楽死」と言っているから……。

霊人Ａ　何カ所も刺《さ》してない。

斎藤　それが安楽死だというのですか。

霊人Ａ　何カ所も刺しとらんだろう？　怒《いか》りで刺してるわけじゃない。「救済」なんだ。

斎藤　検視の段階では、刺し傷は首や胸など上半身のほうだけになっているということでした。

霊人Ａ　そうだろう？　即死《そくし》の状況《じょうきょう》で刺してるんだから。ちゃんと急所を狙《ねら》って刺してるんだ。苦しまずに殺してやるんだよ。

「魂《たましい》の救済」という言葉の意味が分かっていない霊人

綾織　あなたご自身の考え方では、「魂《たましい》の救済」というのは何なのですか。今まで、肉体のところについてはおっしゃっていましたが、魂においては……。

霊人Ａ　いや、まずは穢《けが》れた血を全部、体から抜《ぬ》いてやることが第一段階だ。

大川隆法　穢れた血を抜く？

霊人Ａ　うん。うん。それで、血を抜いたあと、その苦しみから解放してやって、本来の健康な、幸せな自分へと戻《もど》らせてやることだな。

綾織　「健康な自分」というのは、「魂として健康」という意味なんですか。

霊人Ａ　「魂として健康」ってのは、ちょっとよく分からんけども。とにかく、今、苦しみは一つ消えるわけだ、目の前からはな。

だから、障害者の苦しみは、その人の苦しみだけじゃなくて、周りの家族も施設も含《ふく》め、社会的に見ても苦しみしか生まんのだよ。幸せなんか何にも生まない。

オウム教の「ポア」の思想との共通点

大川隆法　まあ、それについては分かるところもあります。

ところで、殺されていった障害者たち、あるいは殺されていない人もいますが、あなたは、「魂がある」ことは認めているのですか？　それとも、「ない」と思っていますか？

霊人A　うーん……。あるらしいけども、それが何なのかよく分からん。とにかく、死んでいなくなれば……。

大川隆法　殺したら、その人の魂はどうなるわけですか。安楽死させたら、魂はどうなりますか？　「それで救われる」というのは、どういう意味ですか？

霊人A　とりあえず、わしの目の前からなくなるんだよ。わしの目の前から苦しみは消えている。

大川隆法　別に、それはもともと施設に近寄らなければ、目の前にいないですよね。

霊人Ａ　いや、でも、わしは施設で苦しんでいる人を知ってしまったから、それは助けずにはおられない。

大川隆法　「殺しておきたい」わけですか。

霊人Ａ　助ける。殺す。そう。

大川隆法　「殺してやりたかった」のですね？

霊人Ａ　殺して助ける。でも、そのあとはよく分からん。なんか分からん。とにかく、目の前から苦しみが一個消えるのは間違いない。

大川隆法　これは、オウムの「ポアの思想」にやや近いものもあるかもしれません。

斎藤　そうですね。

綾織　高齢《こうれい》の人を拉致《らち》して殺し、財産を取るのと……。

大川隆法　少し似たようなところもありますね。

●ポアの思想　ポアとはチベットの仏教用語であり、「遷移・転移」などを表しているが、オウム真理教は、これを殺人を正当化するために使用したとされる。

5　今回の事件には、さらに「黒幕」が存在しているのか

「十月までに六百人を殺す」と言っていた理由とは

斎藤　あなたは単独犯《たんどくはん》なんですか。「単独犯」というのは変な言い方ですが、お一人で彼を指導していたんですか。それとも、何人かのグループをつくっているのでしょうか。

霊人Ａ　いや、具体的犯行に及《およ》んだときは、私が指導してるけどね。

斎藤　今はどうでしょうか。

霊人A　いや、使命は果たしたから、（彼は）もう用済《ようず》みですよ。

斎藤　用済みですか。

大川隆法　それで、彼は死刑《しけい》になると思っていますか。

霊人A　うーん、そんなことは知らん。どっちでもいい。死刑になろうがなるまいが。

大川隆法　どうでもいいのですね。

霊人A　とにかく、〝いい仕事〟をしたねえ。

斎藤　利用しただけですか。

霊人Ａ　うん。本当は、もうちょっと殺したかったんだけどねえ。

大川隆法　この〝達成感〟というのは、いったい何だったのでしょうか。このあたりが知りたいところですね。

斎藤　はい。

ただ、植松《うえまつ》容疑者は目標を持っていて、「十月までに六百人を殺す」と言っていたそうです。

どうして、そのような明確な目標数まで持つんですか。十九人では少ないんですか。

霊人Ａ　うん。少ない。

斎藤　なぜですか。ニュースを大きくしたいんですか。

霊人Ａ　「ニュースを大きく」というか、やっぱり、社会に影響《えいきょう》を与《あた》えるには、最低六百人以上は殺さないと。弁慶《べんけい》じゃないけどもねえ、十九人じゃ、一過性《いっかせい》のもので終わってしまうから。

大川隆法　言っていることが、何か害虫の駆除《くじょ》や野良猫《のらねこ》・野良犬の駆除の目標に似た感じはありますね。

天雲　ちなみに、相模原《さがみはら》で事件を起こしたことに、何か象徴《しょうちょう》的な意味合いはございましたか。

霊人Ａ　いや、植松がいたからだよ。

天雲　それは、「人ありき」ということですか。

霊人Ａ　うん、うん。

天雲　なるほど。

霊人Ａ　本当は、もうちょい行きたかった。十九人では少なかった。

大川隆法　まあ、それは何百人も殺したほうが世界的に有名になるでしょうね。そういう「名誉心《めいよしん》」はあったと思います。

霊人Ａ　アメリカのテロ（九・一一同時多発テロ）は三千ぐらい死んだけど、全然数が違《ちが》いすぎるんで。私としては、もう一丁《いっちょう》、行きたかったなあ。

斎藤　あなたはこの世を契機《けいき》に、「革命」という名を称《しょう》して、第二、第三の植松容疑者を増やそうとしているわけですか。

霊人Ａ　うん。だから、日本のなかにテロをもっと起こしていきたいねえ、いろいろなね。

斎藤　違ったかたちのテロですか。

霊人Ａ　うん。〝宗教テロ〟を起こしていきたいね。

斎藤　宗教テロですか。

霊人Ａ　うん。イスラムは入っていないだろうけども、〝宗教テロ〟を起こしていきたいねえ。

霊人の上には、さらに糸を引く存在がいる?

綾織　先ほどからキリスト教のような話をされながら、「キリスト教の人を殺した」という話もあります。あなたが信じている神様は、どういう存在になるわけですか。

霊人Ａ　まあ、私をご指導してくださる方ですよ。

斎藤　あなたを指導する人が、まだ〝上に〟いるんですか。

霊人Ａ　うん。

斎藤　どんな方ですか。

霊人Ａ　でも、日本を今、導こうとされてる方だ。

斎藤　日本を導こうとする存在がいらっしゃるということですか。

霊人Ａ　うん。

斎藤　あなたは、その存在とは対話できるんですか。何か通知のようなものが来るんですか。それとも、問い合わせをしたり、伺《うかが》ったりするんですか。

霊人A　うん……。

斎藤　知らない間に通信が来るんですか。

霊人A　わしは〝全幕《ぜんまく》〟は知らんけども、ただ、第一幕はわしの仕事だったんで。無事、仕事をしたんだ。

斎藤　奥《おく》まったところに〝何かある〟のですね。

大川隆法　上に糸を引く者があるとすれば何ですかね。

綾織　その人は日本人ですか。それとも、日本以外から来ていますか。

霊人A　うーん、まあ、世界を超越《ちょうえつ》しておるな。

大川隆法　あるいは、「障害者」と言っていますが、「日本人自身が〝原罪〟を背負っていて、抹殺《まっさつ》されても構わない」というような思想を持つ人が上にいるのではないですか。

霊人A　まあ、「日本人は穢《けが》れた民族」っていう考えはある、もちろんな。

斎藤　日本人自体が穢れているんですか。

霊人A　うん。「アダムとイブ」でいう……。

天雲　しかし、それは愛国心と矛盾《むじゅん》しませんか。

霊人Ａ　まあ、愛国心があるから、穢れた民族を浄化《じょうか》しようと、今、頑張《がんば》っとるわけだな。

大川隆法　今まで言っていたことから、匂《にお》いとしては、「エホバの証人」系でなければ、「統一教会《とういつきょうかい》」系の姿が感じられます。キリスト教に関係があって、日本人に憎《にく》しみがあり、その罪の象徴を見て何かをやろうとしているのでしょう。「日本人殺戮《さつりく》計画」の一端《いったん》として、まず手始めに、社会的合意を得られそうなあたりを狙《ねら》ってきた感じがありますね。

霊人Ａ　だから、少なかったんだってば、十九人っていうのは。本当は六百人いきたかった。もうちょっと切れ味のいい刀があればなあ。

統一教会《とういつきょうかい》の教祖と親和性があるのか

大川隆法　あなたは、エホバの証人か、統一教会《とういつきょうかい》か、どちらかに何か親和性のようなものを感じますか。

霊人Ａ　（約五秒間の沈黙《ちんもく》）

大川隆法　それは分からないですか。

霊人Ａ　いや、タランチュラもねえ……。

綾織　タランチュラ？　はああ（注。以前の霊言《れいげん》で、統一教会開祖の文鮮明《ぶんせんめい》の守護《しゅご》霊《れい》は霊界《れいかい》において、約二十メートルの巨大《きょだい》なタランチュラのような姿をしていることとが判明している。『宗教決断の時代』（幸福の科学出版刊）参照）。

大川隆法　確かに、もし文鮮明系だとしたら、日本人に通じる道は多少あるでしょうね。

霊人A　統一教会……。

綾織　その存在の姿は視《み》えますか。

霊人A　視える。

綾織　タランチュラなんですか。

霊人A　うん。

大川隆法　まあ、政治的に見れば右翼《うよく》のほうに近い姿では出るはずですが。

綾織　はい、そうですね。

大川隆法　それが、「障害者施設《しせつ》で重度の障害者を殺す」ということであれば、「純血」を言うかもしれませんね。

斎藤　確かに、「文鮮明の守護霊霊言」を収録したときに、「血を見るのは好き」など、血のことにかなりこだわっていました（前掲《ぜんけい》『宗教決断の時代』参照）。

大川隆法　言っていましたね。

やはり、障害者施設には、ある意味でキリスト教精神のようなものがあってもおかしくはないのですが、病院および公務員の施設としてだけ捉《とら》えているあたりのところでは、水面下で思想的な戦いはあるかもしれません。

ただ、少し解《げ》せないもの、納得《なっとく》できないものがありますね。

障害者を殺傷する〝血の浄化《じょうか》〟に込《こ》められた思想

綾織　今、話題になっている存在からは、具体的に何を言われていますか。

霊人A　うん？

綾織　あなた自身が、何か言葉を投げかけられていると思うんですけれども。

霊人A　うーん。だから、まずは「血の浄化《じょうか》」ということだね。

大川隆法　おそらく、あなたにとっての〝親神《おやがみ》〟のようなものがいるはずですからね。なぜ、日本人の血の浄化をしなければいけないのですか。

霊人A　日本人の子孫《しそん》のなかに障害者が生まれてくるのは、血脈《けつみゃく》のなかにそれだけ〝間違ったもの〟が入ったらしいんだよ、歴史の転換《てんかん》のなかでね。その間違ったものが、この世的な現象として、障害者として現れる。

だから、歴史的に問題になった罪を犯《おか》したやつの子孫が、孫代《まごだい》まで行くと障害者施設に送り込まれている。

これは、この世的に見れば、血の穢れた人間、歴史的罪を犯した人間を牢屋《ろうや》に入れ込んどるようなものなんだ。その死刑制度も執行《しっこう》せずに牢屋に送り込んだままになってるところを、わしが最後に殺傷して……。

大川隆法　審判《しんぱん》を下《くだ》そうとしているわけですね。

霊人A　そう。「最後の審判」じゃないけど、審判を下す。

大川隆法　要するに、「重度の障害を持って生まれるような人は、もともと戦争犯罪人か何かで、外国の人を殺したり、残虐《ざんぎゃく》な行為《こうい》をしたような人だ。そういう罪で（重複障害者として）生まれてくるんだ。それを過保護にするよりは、安楽死させてしまったほうが救済になるのだ」という思想でしょうか。

だから、「日本人のなかにある、罪の原型を取り除きたい」という気持ちがあるのかもしれないし、「日本人を純化したい」と言いつつ、ある意味での「報復」のようなものも感じなくはないですね。

実を言うと、「テロの代わり」のようなものを少し感じてはいるんですよ。

斎藤　確かに、今、日本にはテロの被害《ひがい》があまり及んでいないので、国体を弱めるような「テロの代わり」になるものを狙っている感じもしなくはないですね。

極右《きょくう》のなかには「殺すことが愛」という思想もある

天雲　「平和を広げたい」とおっしゃっていますが、こういう事件がたくさん起きると、「恐怖心《きょうふしん》」のほうが広がっていくと思います。普通《ふつう》に考えれば、それが常識だと思うのですけれども、こういう事件が起きたことに対して、みな怖《こわ》がっています。

霊人Ａ　うーん、そうかなあ。

大川隆法　この事件で、ほかの施設はどこも大変でしょう。

霊人A　いや、だから、障害者は全員殺せばいいんだから、別に。どんな厳重《げんじゅう》な設備に送ったところで。

天雲　障害者の方を、愛して慈《いつく》しんでいるご家族の方もいます。

霊人A　それは間違ってる！

大川隆法　やはり、「障害者を殺せ」と命じる〝上の存在〟がいますね。

霊人A　とにかく、家族の苦しみを分かってないんだよ、その人たちは。わしや植松が殺してやることによって、家族の幸せが訪《おとず》れるんだよ。苦しみの軛《くびき》から逃《のが》れることができる。

もう、障害者がいると、ずっと手錠《てじょう》をはめられてるんだ、家族っていうのは。

大川隆法　まあ、そういうところはあるかもしれませんが。

霊人Ａ　一生苦しみ続けるんじゃないか。でも、自分で殺させる安楽死は認められていないんだから。ずっとずっと〝拷問《ごうもん》〟に遭《あ》い続けてるんだ、家族はな。障害者本人より家族のほうが拷問なんだよ。わしはそこに、厳しさを持った愛で接してあげて、殺してあげたんじゃないか。

斎藤　確かに、七月の初めに「ＮＨＫスペシャル」で、「私は家族を殺した――〝介《かい》護《ご》殺人〟当事者たちの告白」というタイトルの番組がありました。

大川隆法　まあ、増えてきてはいますよね。

斎藤　今、流れ的には、「障害者の面倒《めんどう》を見る方《かた》のほうがつらい」という状況《じょうきょう》が多数増えてきておりますけれども、ただ、それを、「愛として殺す」というのはどうなのでしょうか。

大川隆法　ヒトラーには関係ないかもしれませんが、極右《きょくう》のなかには一部、こういう思想はあると思います。そうでなければ、日本人を何らかのかたちで責めたい感情が入っている可能性があるでしょうね。

斎藤　この奥にある霊的存在の探究は……。

大川隆法　呼んでみましょうか。

斎藤　はい。

大川隆法　思想的に、この程度の実行犯を指導するぐらいまでしかないので、あなた（霊人）はいったん出てもらいます。

（手を三回叩《たた》きながら）はい、はい、はい。いったん出てください。

6 招霊《しょうれい》された悪魔《あくま》が語る「神」と「障害者」

小悪魔《こあくま》を使っている者の正体を探《さぐ》る

大川隆法　（チャネラーに右手をかざしながら）では、植松《うえまつ》容疑者を指導していたのは小悪魔《こあくま》と思われますが、今の小悪魔のもっと上にいる、根本的に「安楽死を勧《すす》め、障害者は抹殺《まっさつ》すべきだ」と考えている者よ。

いったい、誰《だれ》がそのインスピレーションを降ろして、小悪魔を使っておるのか。小悪魔を使っている者よ、その正体を現しなさい。出てきなさい。

霊人B　（突然《とつぜん》、笑い出す）ハハハハハハハハハハハハハ！　アアーッハハハハハハ！

大川隆法　うん……。

霊人B　ヘッ、ハハハッ。

綾織　ご気分が非常によろしいですね。

霊人B　うるっせぇ。うるせえ。ハハハハッ。ああー！　ああ。

綾織　計画どおりですか？

霊人B　ええ？　バカ。ハハハハハッ！

綾織　あなたが考えたとおりに進んでいるのですか?

霊人B　あっ、まあね(笑)。ああ。まあ、おまえみたいなバカな頭じゃ分かんねえよ。

綾織　はい、そうかもしれません。

霊人B　分からねえよ。

綾織　はい。

霊人B　「人を一人殺した。二人殺した」で気にしてんだろう? 本当に情けねえ宗教だなあ、そんな。おまえ、十字軍のときに何人死んだと思ってんだよ。

斎藤　十字軍？

霊人Ｂ　宗教戦争で、ドイツで何人死んだと思ってんだよ。数、数《かぞ》えてみろよ、（手元の資料をバンバン叩《たた》きながら）こんな十九人で、ああ？　幸福の科学も小さくなったもんだなあ！　ええ？

綾織　ただ、そういう十字軍とは違《ちが》って、「障害者の方、特に、重複《ちょうふく》障害者といわれるような方だけを狙《ねら》う」というのは、かなり特異なケースですよね。

霊人Ｂ　いやあ、象徴《しょうちょう》的だろうが。こんなの、街角《まちかど》で殺していっても、秋葉原《あきはばら》事件もあったけど。（手元の資料を、再度、バンバン叩きながら）まあ、「重度の障害者を、重複障害者を殺す」というのは、象徴的でしょうが。

綾織　象徴的？

霊人B　「これは何か起きるんじゃないか」と、みんな思うわな。

綾織　ああ。

霊人B　そこに、やっぱり「戦略」があるわけであってね。あんたがたみたいなねえ、戦略もなく伝道してるやつとは違うんだよ。

綾織　うーん。

大川隆法　確かに、国家の財政赤字から、だんだん重くなってくる部分においては、つまり、「家族の生活がだんだん苦しくなってきている」という社会背景のなかでは、出てくる可能性があるものではありますわね。

「救ってみろ」と質問者を挑発《ちょうはつ》し続ける悪魔

霊人B　あんたがた、重度の障害者を救えるのかよ。えっ？　救ってみろよ。救えるのか、あんたの宗教の教えでよ。ええ？　おまえらの宗教で救えるのか？　救ってみろよ。ああ？　わしが救ってやったんだろうが。

綾織　私たちは、「肉体とは別に魂《たましい》が存在する」と……。

霊人B　苦しみ続けてるよ。どうするの？　毎日苦しんで、苦しんで、苦しんで。

綾織　まあ、ご家族の方も……。

霊人Ｂ　家族も苦しんで。ええ？

綾織　そのなかで非常に苦しみを感じると思うのですけれども……。

霊人Ｂ　やってみろ。どうやって救うんだ。言ってみろよ。なんか、さっき、修法《しゅうほう》がどうの……。誰か修法で助けてみろよ、重度の障害者を。

できねえんだろう⁉　だから、おまえらの宗教は、その程度なんだよ。分かんねえのかよ。ええ？

綾織　まあ、今回の犯行を犯《おか》した植松容疑者も、「障害者はコミュニケーション、意思の疎通《そつう》ができない」ということを問題視していましたけれども……。

霊人B　だったら、何なんだよ。

綾織　しかし実際には、障害者の方は、この地上で、ご家族の方とコミュニケーションできますし、心もきちんとありますし……。

霊人B　「心」なんか感じねえよ。

綾織　深い考え方もあります。

霊人B　あんたさあ、現場にいねえから分かんねえんだよ。心なんか感じてねえよ。

綾織　心の動きを感じる方もいると思います。

霊人Ｂ　担当が、心なんか感じてないから、もう全国あちこちで傷害事件が起きてるんじゃないかよ、おい。ええ？　心を感じてたら、もっと〝マザー・テレサ〟が全国にいっぱいいるよ。

綾織　まあ、だからこそ、宗教的な考え方が必要なのです。

霊人Ｂ　じゃあ、どうするの？　幸福の科学さんは、どうするんですか？　ええ？　言ってみなさいよ。どうやって救うの？

綾織　やはり、私たちは、「魂の真実」というものを伝えていって……。

霊人Ｂ　うん？　伝えられないよ、あんた。障害持ってるんだから、全然伝わらないよ。

綾織　ご家族の方には伝えていきますし。

霊人B　伝わらないから、「殺す以外、手はない」だろうが。ええ？

斎藤　いや、「思い」は伝わりますよ。

霊人B　伝わらないよ。

斎藤　「思い」は伝わります。

霊人B　じゃあ、なんで、あんな施設《しせつ》がたくさんあるんだよ。あの施設は何だよ。

斎藤　赤ちゃんも、言葉はしゃべれませんが、お母さんの心ははっきり分かって、ニコッと笑いますよ。

霊人B　じゃあ、あの施設は何だよ。あれは神の罰《ばつ》以外の、何なの？　なんでこんな差別が……。あんたがたと障害者の差は何ですか。なんで障害者施設が必要なんだよ。

普通《ふつう》に生活をしたらいいじゃねえかよ。あんたがたが、「障害者に殺されるかもしれない。殴《なぐ》られるかもしれない。被害《ひがい》を受けるかもしれない」と思うから、あいった施設に送り込《こ》んで、施錠《せじょう》するんだろう？　場合によってはな。これが宗教か？　ええ？　言ってみろよ。

宗教じゃねえだろうが。宗教っていうのは、救いを差し伸《の》べてやるんだろう？　弱者にこそ救いを遣《つか》わせてやれ。イエスが教えたのも、そうだろう。弱者こそ……。

（質問者を指さしながら）あんたがた、こんなさあ、いいスーツ着て、こんなことやってないで、早く障害者施設に行って、一人ひとり手を当てて、手かざしで救ってこいよ！　障害を治してみろよ。ええ？　あんたがたの信仰心《しんこうしん》は、そんなものなんだろう？　結局は。アッハッハ（笑）。だから、俺《おれ》が教えてやったんじゃねえかよ。（手元の資料をバンバン叩きながら）「こうやって殺しをやれば、いちばん早いよ」っていうのをさ。もう少し学んだほうがいいよ、君たち。

「障害者こそ悪魔《あくま》だ」と主張する悪魔

大川隆法　当会では、（障害児支援《しえん》の）「ユー・アー・エンゼル！」運動等をやっているけれども、そうしたものに対しても、何か見解を持っているのですか？

霊人B　ああ？　知らないよ、あんな小さいの。何だよ、「ユー・アー・エンゼル」って。「ユー・アー・エンゼル」？

天雲　「障害があっても、あなたは天使」という思想です。

霊人Ｂ　ああ、だから、そこに、もう考えに間違いがあるね。「障害者こそ悪魔《あくま》だ」っていうのを教えてあげなきゃいけない。

天雲　真逆《まぎゃく》ですね。

霊人Ｂ　悪魔の子なんだよ。悪魔になってしまうんだよ、いずれ障害者の子たちはね。

いずれ悪魔になる前に、早く鉄槌《てっつい》を下《くだ》して、天使にしてあげるためには、殺してあげないと。

斎藤　障害者の方は、肉体が不自由ななかでも、本当に、心と肉体のズレによる苦しみのなかでも、「精神性」というものを深く敏感《びんかん》に感じておられますよ。

霊人Ｂ　感じないよ。

斎藤　いや、いろいろな周りの……。

霊人Ｂ　感じないよ。

斎藤　愛のお心とか、家族の思いとかを……。

霊人Ｂ　泣き叫《さけ》んで苦しんでるんだって。

斎藤　いや、泣き叫びながらも感じておられますよ。それが、やっぱり、「魂向上の道」になるんですよ。そういう使命《しめい》をお持ちなんですよ。

霊人B　だから、神が悪いんだって、神が。

斎藤　そうした方々の使命というものがあるのです。

霊人B　神が、あんな苦しい人間をつくってね、わざわざ。意地悪《いじわる》なんだって、神様っていうのは。こうやってね、〝ドS〟なんだよ、神っていうのは。

こうやって苦しんでるのをね、そこで気づくかどうかをじっと見てるけど、気づかなかったら、そのまま地獄《じごく》に堕《お》として、気づいたら、ちょっと天国に上げたりする。こういうね、いやらしいことをするのが「神」っていう存在なんだよ。

斎藤　神は〝ドS〟なんですか。

霊人B　〝ドS〟だよ。それをね、もう早く救ってやりゃあいいのに、救いもせずにさあ、痛めつけて痛めつけて数十年間、ずっと施設に入りさせ続けるんだろう？　もう究極の〝ドS〟だよ。

それをあんたがたさ、究極の〝ドM〟だから、それがすごい意味があるものと感じようとするんだろう？　もうバカじゃないの？　本当に（笑）。早く救ってやれよ。苦しみなんか要《い》らないんだよ、この世には。

大川隆法　では、あなたの考えで言えば、ヘレン・ケラーであろうが、乙武《おとたけ》（洋《ひろ》匡《ただ》）氏であろうが、ホーキング博士《はかせ》であろうが、みんな、こういう人たちは抹殺されなきゃいけない？

霊人B　抹殺したらいいねえ。要らない。社会的不適合者は必要ない。

大川隆法　うーん……。

霊人B　弱肉強食《じゃくにくきょうしょく》でいいんだよ、世の中っていうのは。

斎藤　ものすごく物質的な、目に見える世界だけの価値判断が働いていると思いますけれどもね。

霊人B　はあ?　全然、言ってる意味が分かんない。あんたがたに救済力がないから、私たちが救済力を発揮してやってるんじゃないの。

斎藤　目に見えない世界は「ない」のですか。思わないのですか。

霊人B　うん？

綾織　弱肉強食の世界なんですね？　強い者が残ればいい？

霊人B　うーん。まあね。

綾織　という考え方？

霊人B　うん。いや、違う違う。それはわしのあれだけど。そうじゃなくて、さっきの障害者に関して言えば、わしは救ってやってるんだ、障害者を。

大川隆法　うーん……。なるほど。殺すことで……。

霊人B　だから、いちいち、わしが行くまでもないから、さっき行った子飼《こが》いのやつを一匹《ぴき》使ってやったんだけどね。

「イエスは、弱者ばかり助けて、頭が悪い」

綾織　イエス様についていては、どう考えていますか。

霊人B　ああ、イエスねえ。ああ、イエス？　バカだから死んでったじゃん。

綾織　バカですか。

霊人B　うん。バカだよ、あいつ。バカ、バカ。

大川隆法　うーん。確かに、そういう考えもあるかもしれません。

霊人Ｂ　弱者ばっかり助けて、軍事力を持ちゃあよかったのに、バカだよ、あれ。頭悪いよ。俺はあんなことはしないね。俺はバカじゃないから。イエスっていうのは、もう優《やさ》しすぎて。だから、あんたがたと一緒《いっしょ》よ。

綾織　うーん。

霊人Ｂ　あんたがたは違うか。とにかく、イエスは、今だったら障害者施設に行って、一人ひとり助けてるんだろう？

大川隆法　うーん……。

霊人B　そんなような感じだよな。バカでしょ。

斎藤　では、あなたは、「弱さみたいなものに対しては、全部、切り捨てていったり、抹殺していったりして、それで優《すぐ》れた成果をつくろう」ということなのですか？

霊人B　俺、頭の悪いやつは嫌《きら》いなんだよ。

斎藤　えっ、頭が悪いやつが嫌い？

霊人B　うん。障害者はバカだよ、はっきり言って。

斎藤　あなた自身は「頭がいい」と思っているんですね？

霊人B　頭はいいですよ。だから、障害者はバカだって。生きててもしょうがないでしょう？　どうするんだ。これからの人生、どうやって人生設計していくの？

斎藤　大丈夫《だいじょうぶ》ですよ。ホーキング博士を見れば分かりますよ。

ただ、体は不自由ですが、いろいろな電子機器を使いながら、自分の意思を表《あらわ》したときに、本を何冊も書けるぐらいの知性をお持ちです。それが、肉体にズレがあるために、表現ができないだけですけれども、そういう〝中身〟があるということは、「障害者の方のなかにも、同じような世界、同じような内的な精神空間がある」ということを証明しています。

霊人B　いや、ホーキングみたいに多少はな、世の中の役に立つのはいてもいいかもしれんけども。今回の施設にいるようなやつは、ホーキングとかヘレン・ケラーとかとは全然違うよ、はっきり。

大川隆法　あなたからすれば、「生産性がない」と言うわけですね。

霊人B　ないよ。ない、ない、ない、ない。いて、どうするんだよ。うん？

7　悪魔《あくま》の「正体」と「次の狙《ねら》い」とは

日本をどう見ているか、その見解を訊《き》く

綾織　日本に対しては、どういうお気持ちですか。

霊人Ｂ　日本？

綾織　日本や日本人に対しては。

霊人Ｂ　滅《ほろ》びればいいんじゃないの。

斎藤　「滅びればいい」って、ずいぶん簡単に言ってくれますね。

綾織　日本は呪《のろ》われている？

霊人B　うん。呪われてるね。

綾織　どうしてですか。

霊人B　やっぱり、あれだよ。戦争を起こして、たくさんの人を殺したからね。

綾織　その罪がある？

霊人B　やっぱり、侵略《しんりゃく》主義を持ってる日本国じゃないの。日本っていうのは、えげつない国なんだよな、はっきり言ってね。えげつない。

斎藤　あなたの「日本観」を教えていただけますか。日本については、どういう感想をお持ちですか。

霊人B　いや、なんか侵略国にしか見えない、もう太古《たいこ》の昔から。

天雲　では、天皇陛下《へいか》に対しては、どのようなお気持ちですか。

霊人B　天皇陛下？　天皇陛下っていうのは、ヒトラーみたいなやつだろう？　あれは。突然《とつぜん》、進撃《しんげき》してきて、異民族を殺しまくるんだろう？

ヒトラーや金正恩《キムジョンウン》などをどう見ているのか

綾織　ヒトラーについては、どう思われていますか。

霊人B　ヒトラーなんか、もう俺《おれ》の何て言うか……。まあ、最近来た〝新米《しんまい》〟だから、ヒトラーっていうのは。

綾織　新米？

斎藤　ああ、あなたは古いのですか。

霊人B　うーん。

斎藤　今の発言によれば、あなたは、「ヒトラーから見ると、そうとう古い経験をお持ちだ」ということを意味していますけれどもね。

霊人B　うーん。

大川隆法　北朝鮮《きたちょうせん》の金正恩《キムジョンウン》みたいな人は、どのように見ていますか？

霊人B　あれはねえ、逆の意味で、唯物論《ゆいぶつろん》国家すぎて少し入りにくいんだよ。

大川隆法　ふうーん。

斎藤　憑依《ひょうい》というかたちで、〝肉体〟に入りにくいのですか。

霊人B　うーん。

斎藤　「唯物論的な考え」が強すぎるのですか。

霊人B　うーん。まあ、あれは少しな。金正恩なあ。

大川隆法　中国の国家主席の習近平《しゅうきんぺい》さんなどは、どのように感じるんですか。

霊人B　うーん……。

大川隆法　分からない？

霊人B　うーん、あれもなあ……。あれも少し、〝別のやつ〟がやってるからなあ。

斎藤　別のやつがやってる？

大川隆法　まあ、そうかもしれない。

霊人B　わしじゃない。

斎藤　あなたは〝日本担当〟なのですか。

大川隆法　韓国《かんこく》の朴槿恵《パククネ》大統領なども、今いますけれども……。

霊人B　ああ、朴はね、たまに〝入れる〟ね。入ろうと思ったら、「日本潰《つぶ》し」の方向で入れる。

大川隆法　そうでしょうね、おそらく。

霊人B　うーん。朴はね、入れる筋《すじ》がある。

斎藤　ああ、韓国系なのですか。

霊人B　ずっとではないけども、ポイント、ポイントでな。最近、やや、いまいち面白《おもしろ》くないけどな。

大川隆法　最近、ヘイトスピーチ（憎悪《ぞうお》表現）で問題になっているのは神奈川《かながわ》県ではなかったですか。

綾織　川崎《かわさき》でありましたね。

大川隆法　川崎でしたか。まあ、法案（ヘイトスピーチ解消法）も通ったりしましたけれども。

（霊人Bに）では、あなたの根本的な思想としては、「日本で重度の障害などを持って生まれてくるような人は、おそらく、先の大戦等で、外国人に対して、たくさん人殺しをしたような人だ」と。そのように思っている？

霊人B　ああ、殺して、女を犯《おか》しまくって、老若男女《ろうにゃくなんにょ》を殺しまくったやつらが、こうやって生まれてるんだよ、障害者で。

大川隆法　ああ。というように見ているわけだね。

霊人B　ああ。

大川隆法　ああ……、なるほど。

霊人B　バカなんだって、日本民族っていう人たちは。自分のね、立ち位置が分かっとらんのよ。

日本の偉人《いじん》についての好みを語る

斎藤　日本には、「日本神道《しんとう》」というものがありまして、「日本神道の神々は、二千七百年近く、われわれを指導してくださっている」というように聞いておりますけれども。

霊人B　日本人の神々なんか存在するの？

斎藤　ええ、もちろん。存在します。

霊人B　民族の酋長《しゅうちょう》じゃないの？

斎藤　酋長？

霊人B　村の村長ぐらいじゃないの？　ええ？

大川隆法　天照大神《あまてらすおおみかみ》などは、どのように思いますか。

霊人B　天照なんていないよ、実在の人物じゃないから。

大川隆法　実在の人物じゃない？

霊人B　あんなの、神話でしょう？　神話の人物を、あなたがた、拝《おが》んでるんでしょう。「太陽が天照様だ」って言ってるんでしょう？　はあ、おめでたい民族だねえ。

ふうーん。人間っていうか、天皇とどうつながってるのよ。

大川隆法　例えば、戦国末期の信長《のぶなが》、秀吉《ひでよし》、家康《いえやす》等だったら、ご存じですか？

霊人B　ああ。知っとるよ。

大川隆法　お好きなのは？

霊人B　信長。

大川隆法　ああ、信長が好き？

霊人B　信長はいいね。あいつは、いいよ。

斎藤　本当にそんなに好きなのですか。どこが好きなのですか。

霊人B　いやあ、「比叡山《ひえいざん》の焼き討《う》ち」はよかったよ。

斎藤　はあ……。

大川隆法　ふうーん。

霊人B　あと、一向宗《いっこうしゅう》への弾圧《だんあつ》の仕方もね、正しい。

斎藤　はあ……。加賀《かが》の一向一揆《いっこういっき》では、そうとうな方が亡《な》くなられましたね。

綾織　この三人のなかで嫌《きら》いな人はいますか。

霊人B　家康っていうのは〝違《ちが》う宗教〟だったから、入りにくいねえ。

大川隆法　「儒教《じゅきょう》」はね。どちらかといえば、儒教に近いから。

斎藤　ああ、儒教ですね。なるほど。

霊人B　信長っていうのは、比較《ひかく》的、やや親和性《しんわせい》を感じる。

天雲　キリスト教？

霊人B　うん、親和性は感じる。

大川隆法　キリスト教に親和性を感じつつ、キリスト教的なものを迫害《はくがい》したい気持ちがあるような感じですかね。

霊人B　うーん。

大川隆法　「キリスト教のなかの邪教《じゃきょう》」ということであれば、結局、そういうことになりますね。

明らかになった「悪魔《あくま》」の正体とは

綾織　先ほど、「ヒトラーは新米だ」という言葉がありましたけれども……。

霊人B　新米だ。

綾織　ヒトラーを動かした経験がある？

霊人B　いや、アイデアぐらいは与《あた》えてやったよ、ユダヤ人迫害のね。

綾織　ユダヤ人迫害のアイデアを？

霊人B　いや、キリスト教からつながってるから、ユダヤ人迫害っていうのは。

大川隆法　ああ……。

霊人B　キリスト教で犯《おか》した罪を、今度、ヒトラーが……。

大川隆法　（少し身を乗り出し、霊人の言葉を遮《さえぎ》って）もしかして、ニーチェさん？　その優越《ゆうえつ》思想、超人《ちょうじん》思想は。

斎藤　確かに、超人思想です。

大川隆法　関係ある？

ニーチェ　ああ……。そんな、いきなり言うのは、あれじゃないか？

●ニーチェ（1844〜1900）　ドイツの哲学者、古典文献学者。「神は死んだ」という言葉が波紋を呼び、「超人思想」がヒトラーに影響を与えた。主著『権力への意志』『ツァラツストラはかく語りき』等。なお、幸福の科学の霊査によって、ニーチェは、現在、地獄の悪魔と化していることが判明している（『公開霊言 ニーチェよ、神は本当に死んだのか？』〔幸福の科学出版刊〕）。

斎藤　いやいや（笑）（会場笑）。

綾織　もう〝終盤《しゅうばん》〟に入っています。

ニーチェ　うーん……。

斎藤　いや、綾織編集長も、ここに来る前に、「ニーチェの霊言《れいげん》」（『公開霊言　ニーチェよ、神は本当に死んだのか？』〔幸福の科学出版刊〕）を手に持っていたので、収録のときに「持っていかなくていいの？」と訊《き》いたら、「いや、置いていきます」と言って、置いていっていましたよ。

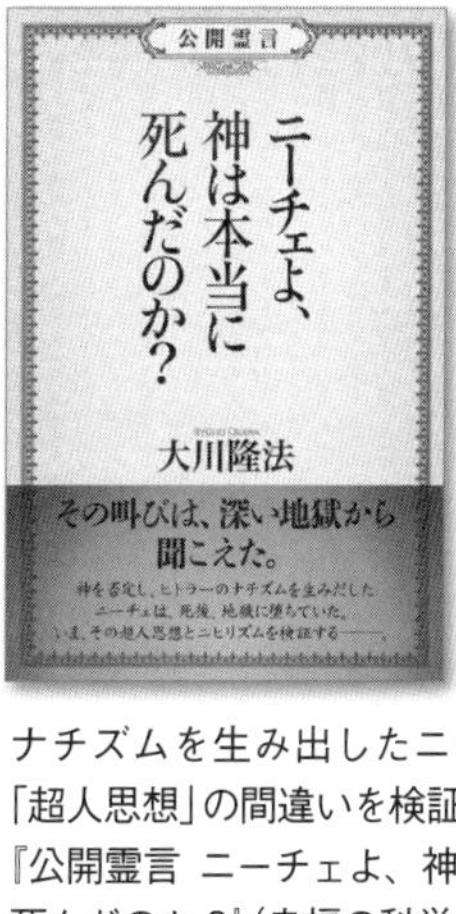

ナチズムを生み出したニーチェの「超人思想」の間違いを検証する。
『公開霊言 ニーチェよ、神は本当に死んだのか？』（幸福の科学出版刊）

ニーチェ　うーん……。

大川隆法　そうした「民族の優越性」とか、「弱いやつを粛清《しゅくせい》してしまえ」とか言って、ナチスにインスピレーションを与えたりする、あの感じから見ると……。

ニーチェ　うーん……。

斎藤　「超人思想」、「永劫回帰《えいごうかいき》」など、いろいろ……。

大川隆法　ユダヤ教とも、先ほど、少し〝混線《こんせん》〟したけれども……。

斎藤　ニーチェは、「キリスト教は、弱い宗教だ。邪教だ」というようなことも言っていましたね。

●超人思想　ニーチェが提唱した概念の１つ。キリスト教的神に代わって、「善悪の彼岸」から人類を支配する存在を「超人」と呼んだ。その具体像は古代ペルシアの宗教家であるツァラツストラ（ゾロアスター）とされる。

大川隆法　うーん。そうなんですよ。

ニーチェ　名前は言っちゃいけない話なんだよ、本当に。

大川隆法　だから、「イエスは敗北の思想だ」と言う……。

綾織　なるほど。

斎藤　ああ。本当にそうです。

大川隆法　ニーチェではないですか？　この（植松容疑者の）奥《おく》にいるのは。

斎藤　確かに、以前、当会の製作したアニメ映画（「永遠の法」〔製作総指揮・大川隆法。二〇〇六年公開〕）でも、登場人物でニーチェとヒトラーをモデルとした、「ニーチェス」と「ヒスラー」という人物が出てきましたね（笑）。

大川隆法　ニーチェが日本に入ってくるとしたら、確かに、「弱者」や「純血」について言うかもしれないね。「純血にして、民族を強くしろ」と言うなかに、全体主義的な傾向《けいこう》で出てきて。なるほど、侵略思想とも一致《いっち》して。

斎藤　はい。

大川隆法　なるほど。

ニーチェ　いや、ちゃんと、わしは〝神の意向〟は受けとるんだからね。そこを間違っちゃいけないよ、君たち。

大川隆法　うん、ツァラツストラとかも好きでしたねえ。

ニーチェ　うーん。

斎藤　ツァラツストラ。はい。

大川隆法　だから、「善悪《ぜんあく》の基準」を持っているんですね。そして、「善悪の彼岸《ひがん》」を目指してたんですよね。

ニーチェ　そう、そう、そう。

斎藤　ゾロアスター系ですね。

大川隆法　善悪を超《こ》えた世界の建設を考えたわけですね。

ニーチェ　そう、そう、そう。

大川隆法　だから、「『殺し』なんて、そんな小さなことでなくて、その奥にある、神のユートピアは、粛清された純粋《じゅんすい》な血の上に成り立たなくてはいけない」わけですね。うーん。

斎藤　そういう意味では、ニーチェとヒトラーは、親和性は非常に高いですね。

「超人《ちょうじん》」とは「大量殺人をする人」と主張するニーチェの霊

綾織　最初、「戦略」という言葉を使われましたけれども、ここから始まる、あなたの戦略とは、どういうものですか。

ニーチェ　うん？　いや、だから、日本全国から、超人《ちょうじん》思想を体現した〝スーパー人間〟が出てきたら、面白いと思ってんだよ。

綾織　はあー……。

ニーチェ　あんたがたの思想とは違う。

斎藤　その「超人」って、どんな超人なんですか。

ニーチェ　ええ？　ハハ（笑）、「大量殺人」とかさ、「テロ」のようなものな。

斎藤　ああ、「大量殺人する人」が「超人」なんですか。

ニーチェ　結局、宗教が、人を救えないだろう？　「救うのは別のところに存在する」と見せないといけないんだ。

大川隆法　まあ、そういう人が出てくる土壌《どじょう》は、今の日本にはあるとは思います。確かにお近くには、小泉進次郎《こいずみしんじろう》さんなんていう、手ごろな人もいることはいますね。

ニーチェ　うーん、面白いねえ。街頭演説の最初に爆破《ばくは》でもしたら面白いわなあ。うん、面白いねえ。

いや、でも、わしはちゃんと、悪魔《あくま》の通信役もやっとるんだから。わしだけのせいにしちゃあいかんよ、これは。

大川隆法　保守の思想家で、ニーチェが（思想として）入ってるとしたら、まあ、西尾幹二《にしおかんじ》みたいな人は入ってますわね（注。西尾氏はニーチェの翻訳《ほんやく》やニーチェ論を数多く出している）。

ニーチェ　だから、今、日本を変えなきゃいけないんだから。わしは、指導してやってんだからさあ。

綾織　ああ、その「革命」なんですね。それで、革命という言葉を使われているわけですね。

ニーチェ　うーん。

斎藤　なるほど。革命だから、社会的な影響力《えいきょうりょく》が必要で、「目標が六百人じゃないと目立たない」とか考えているわけですね。

「弱い者は神ではない」とする考え方

大川隆法　キリスト教のイエスは、「神は死んだ」の対象ですから、「あんな弱いのは神じゃない」ということでしょう？　「救世主でもない」「違う」というのでしょう？

ニーチェ　うーん。

大川隆法　つまり、「障害者を殺してしまうほうが神だ」ということになるわけですね。

斎藤　「強い神である」と。

ニーチェ　そーう、そう、そう、そう。

大川隆法　うーん。

綾織　確かに、普通《ふつう》のパターンだと、衆院議長のところに行くっていう考えは出てきません。

大川隆法　おかしいですよね。これも不思議です。まあ、国論に火をつけたくてやってるんだろうとは思いますけど。うーん……。そうかあ……。

ニーチェ　うーん。

「日本にもテロ思想が必要なんだよ」

斎藤　それは、「大計画」なんですか。今、日本に対して、長期的な計画をお考えなんですか。思いつき的に、実験段階でやったんですか。

ニーチェ　思いつき? あんたがたと一緒《いっしょ》にしないでくれよ。

斎藤　やはり、昔から計画してるんですか。それとも、最近になって、「いけそうだなあ」と思って、流れに「乗っていってしまおう」みたいな感じなんですか。

ニーチェ　いや、世界的にもテロが起きとるんだから、ある意味、日本にも「テロ思想」が必要なんだよ。

斎藤　日本に「テロ思想」？

ニーチェ　うん。

綾織　世界的に、テロを応援《おうえん》してるんですか。

ニーチェ　いや、わしは知らんよ、そんなの。それは、いろんな事情があるんだろう。

大川隆法　ただ、「自分の信念に基《もと》づいて、自分が立てた善悪の基準に基づいて、大勢の人を殺せるような人は〝超人〟」なんじゃないの？

ニーチェ　そう、そう、そう、そう、そう。そうですよ。

大川隆法　うーん。

斎藤　確かに、「善悪の彼岸」とか言っていますからねえ。

大川隆法　いや、「純血主義のために大勢の人を殺せる人こそ〝超人〟」なんじゃないですか?

ニーチェ　うん。

斎藤　なるほど。

綾織　あなたが目をつけてるのは、特に日本なんですか。あるいは、世界のほかの地域でも何かやろうとしてることはありますか。

ニーチェ　まあ、それは、やっぱり、ドイツとかも気にはなるけど。まあ、ちょっと、今は、日本が興味あるねえ。

綾織　興味がある？

ニーチェ　うーん。

大川隆法　でも、今、全世界的に大量殺人事件が増えてきていますからね。まあ、大量といっても、十人から、せいぜい百人ぐらいのものかもしれませんが、あっちでもこっちでも起きています。

ニーチェ　だから、〝新しい宗教〟を興《おこ》さなきゃ駄目《だめ》だ。

大川隆法　今日も、教会の司祭《しさい》が殺されたという事件が報じられました。

ニーチェ　だから、〝新しい宗教〟を興さないといけないんだよ（手を一回叩《たた》く）。

大川隆法　これは、弱者のほうに入りすぎている宗教を排斥《はいせき》しつつ、「保守の姿」を取りながら、実は、もう一段、狂信的なものを、何かつくろうとしている者かもしれないですね。

斎藤　全体主義的な土壌で花を咲《さ》かせようとしてる感じですかね。〝相乗《あいの》り〟して

●教会の司祭が……　2016年7月26日、フランス北部のルーアン近郊の教会に、刃物を持った男2人が人質を取って立てこもる事件が発生、司祭が殺害された。

きて。

綾織　日本でも世界でもいいんですが、あなたが、特に影響を与えたいと思っている人は誰《だれ》かいますか。もちろん、殺人を犯すような人もいるのかもしれませんけれども。

ニーチェ　いやあ、日本にある宗教団体には、ちょっと興味あるねえ。

綾織　宗教団体？

ニーチェ　うーん。

斎藤　日本の宗教団体？

大川隆法　そうですか。でも、（植松容疑者は）「衆議院議長のところに手紙を持っていった」っていうのが、非常に不思議な感じはしますね。

斎藤　やはり、これは、政治的なメッセージなんですか。

ニーチェ　最後は、やっぱり、「国家が入ってくる」からさ。

大川隆法　うーん。

天雲　「安倍《あべ》首相に届けてほしい」というふうに、手紙に書いていましたが。

大川隆法　そうしたら、神奈川県警のほうに届けられたんですね。

ニーチェ　いや、いいんだよ。ああいうなあ、〝先兵隊《せんぺいたい》〟が何人かいて、犠牲《ぎせい》になる。植松《うえまつ》ってのもそうだけど、何人か、こういうのが出てくることによって、一つの思想が出来上がってくるのよ。

ニーチェが語る「革命」を起こすための原動力

天雲　ちなみに、「イスラム国」とは、また違うんですか。

ニーチェ　それは、まあ、違うよ。「どっちかっていうと、キリスト教のほうだ」って言ってるじゃん、最初から。

天雲　「キリスト教のほうだ」？

ニーチェ　うん。

斎藤　「読売オンライン」によれば、衆議院議長宛の手紙のなかには、何か、「未来人かもしれない」というような謎《なぞ》の言葉もあったようですが。

ニーチェ　知らん、そんなものは。

斎藤　ハハ（笑）。そうですか。では、日本での「次なる計画」は、今、お考えですか。事件が大きく報道されている現在、「次なる一手」は。

ニーチェ　いや、「植松に憧《あこが》れを抱《いだ》く人間が何人できるか」、わしは今、見とるとこだ。

大川隆法　それは、障害者施設《しせつ》や老人ホームや、そういうところに、テロまがいの・・・・・・・・・・ことを起こすような人が追随《ついずい》してくる可能性はありますね。

ニーチェ　日本には、鬱憤《うっぷん》、不満が、大量に溜《た》まって、しかも「宗教がない」から。ここは〝何でも入《はい》れ込《こ》める〟んだ、「宗教がない」からな。

大川隆法　うーん。

斎藤　宗教がないと、なぜ入れ込めてしまうんですか。

ニーチェ　入れ込めるよ。だから、どういう思想でもって、植松みたいな事を起こさせるか。対象を変えればいいだけなんだからさ。

天雲　どういう不満があるところに入り込めるのですか。

ニーチェ　いっぱい、あるじゃないか。

天雲　恨《うら》みのあるところですか。貧乏《びんぼう》のあるところですか。

ニーチェ　こんな、日本経済だろうが、軍事だろうが。他国からも恨まれてるし、もう、不満なんかいっぱいある。この不満を、とにかく混ぜて、混ぜて、混ぜて、ルサンチマン（怨念《おんねん》）にして、その勢いでもって、革命を起こしていくんじゃないか。

それが、いちばん、今、〝面白い〟んじゃないか。何を言ってるんだ、君。

斎藤　なるほど。

ニーチェ　だから、「頭が悪い」って、さっきから言ってるんだよ。もっと人々を衝動《しょうどう》させるなあ、何かが要《い》るんだよ。「恨み」とか、「怒《いか》り」とか。なあ？　これをもっと起こさせて、こういう、〝眠《ねむ》りやすい人間〟をたくさん、たくさん、たくさん起こして。

大川隆法　「激情《げきじょう》型の人」を増やしてるのね？

ニーチェ　そう、そうそうそうそうそう。

8　事件の背景にあった、ある政治的な潮流

ニーチェの思想が伝わりやすい現在の日本

綾織　アメリカの話になるのですが、トランプさんって、どう思われますか。

ニーチェ　うーん……。ちょっと違《ちが》うな、わしとはね。

綾織　違いますか？　ああ、そうですか。

ニーチェ　ああいう〝金の亡者《もうじゃ》〟は、あんまり好きじゃないんだ。

綾織　そういうタイプではない？

ニーチェ　うん。

天雲　最近、アメリカで銃乱《じゅう》射事件がありましたが、そういうのはどうですか。

ニーチェ　いやあ、別にそれは、わしは関係ないけども。

天雲　それは関係ないですか。

ニーチェ　まあ、でも、面白《おもしろ》いね。うん。
だから、アメリカも今揺《ゆ》れてるんで、そこが大きくな。

大川隆法　うーん、揺れてる。そのとおりだ。

斎藤　一九九五年に、地下鉄サリン事件が起きました。これについては関与《かんよ》していますか。

ニーチェ　それは、知らんよ（笑）、わしは。

斎藤　それは関与していない。なるほど。

ニーチェ　だから、とにかく今、（日本には）「思想」がねえ、伝わりやすい風土ができてるんだ、徐々《じょじょ》に徐々に。

斎藤　思想が伝わりやすい風土？

ニーチェ　だから、「ない」から。

斎藤　あ、思想が日本に「ない」から。

ニーチェ　うん。今「ない」から、みんな何かを求めるけど、何かが分からない。

斎藤　求めているのに、善悪がよく分からないから、ポンと入ることができちゃうってことですか？

ニーチェ　そう、そう、そう、そう。

大川隆法　確かに、ニーチェの超訳《ちょうやく》なんかも出始めたりしているからね。

斎藤　ニーチェは、今〝人気〟あるんですよねえ。

ニーチェ　だろう？

大川隆法　（思想の善悪が）分からないんですよね。

斎藤　最近、ものすごく本が出ています。

大川隆法　なんか、〝元気が出る〟んでしょう？

斎藤　ええ。これがまたよく売れているようです。

綾織　では、あなたにとって、今は、日本がいちばん活動しやすいんですね？

ニーチェ　なんか思想が伝わっている気がする。私のね、思想が。

綾織　伝わる？

大川隆法　思想的には、石原慎太郎《いしはらしんたろう》さんなんかも、ほんとは使いたかったでしょう？

ニーチェ　ああ。そうそう、面白いね。確かに面白い、面白い。

大川隆法　もう、ちょっと年を取ったから〝終わってる〟んでしょうけど。

ニーチェ　ちょっともう、ボケ始めたから駄目《だめ》だ。

大川隆法　もうちょっと若ければ、使いたかったでしょう。

ニーチェ　うん、うーん、うん。

大川隆法　あと、三島由紀夫《みしまゆきお》の名前も最初から出てきましたよね、意外にね。

ニーチェ　ああいうねえ、ちょっと「テロのきっかけ」をつくってほしいねえ。

大川隆法　ふうーん。

ニーチェ　あのくらいは、今回も行きたかったんだけど。まあ、ちょっと（憑依し

●二・二六事件　1936年2月26日に起きた陸軍皇道派の青年将校らを中心とするクーデター。昭和天皇はこれを反乱とし、鎮圧を命令した。

た先の）対象が弱いからね。まあ、次々と、もう少し「知名度のある人間」がこういう事件を起こしてくると面白いんだけど。だから、「思想」が、もう一段な。

大川隆法　今上《きんじょう》天皇の生前退位《せいぜんたいい》の話も出ていますしね。なんか、「二・二六事件」風の何かを、ほんとは起こしたいのかもしれないけど。

ニーチェ　そう、そう。ああいうのは面白いねえ。「五・一五事件」とかもね。ああいう、何て言うの、狂信《きょうしん》的な……。

大川隆法　今、ああいうものの思想的バックボーンになるような人が出てくる土壌《どじょう》はありますね。

ニーチェ　そう、そう、そう、そう。あの事件だって、農村で、飢餓《きが》で、身売りを

●五・一五事件　1932年5月15日に起きた海軍青年将校らを中心とするクーデター。犬養毅首相が殺害され、政党内閣に終止符が打たれた。

しなきゃいけなくなった娘《むすめ》さんや、その親御《おやご》さんの恨《うら》み、青年将校たちの怒《いか》りとか、国に対する恨みをね。

大川隆法　ああ、これは……。でも、あるかもしれませんね。

ニーチェ　それが「事件」にね。これが……、うーん、いやあ。

大川隆法　日本が何十年と、すごく弱い、何て言うか、「博愛主義」の〝弱ーい感じ〟の国家運営をやっていたので、その「反動で出てくるもの」があるでしょう。

斎藤　なるほど。ある面の強さというものが反動で……。

大川隆法　まあ、当会の思想のなかにもあるのかもしれないけれど、それに似て非なるものが、もう一つ出てくる可能性があるということでしょうか。うーん。

ニーチェは宗教思想のところを取ろうとしている？

綾織　あなたが使っている存在っていうのは、日本では誰《だれ》になりますか。先ほどは小悪魔《こあくま》だったのかもしれませんけれども、どういう人を……。

ニーチェ　おまえな、ちょっと精神病院に行ったほうがいいよ。教えてやるよ。

綾織　あなたの部下はたくさんいると思うんですよ。あなたに従う人ですね。日本では、どういう人がいますか。

ニーチェ　日本の部下？

綾織　はい。あなたの影響《えいきょう》を受けて動いてくれる人はいませんか。

ニーチェ　いや、私のシンパは今ねえ、あんたがたが気づいてないところで、たくさん出てきてるのよ。

綾織　おお。

ニーチェ　だから、あんたがたが本来捕《つか》まえるべき人だよ。（だから）私はさっきから、「バカだ、バカだ」ってずっと言ってただろう？

斎藤　ええ、ええ、ええ。

ニーチェ　（あなたがたが）〝捕まえるべき人〟を、わしが捕まえてるんだよ、今。

大川隆法　ふうーん。

ニーチェ　あんたがた、もっと宗教の教えをバーッと広めたいけど広まらないんだろう？　で、みんなの不満のところが本来なら宗教思想で盛り上がるところを、わしが今、ちょっとこう……。

斎藤　取っちゃった？

ニーチェ　うん。ちょっと一本ずつ蜘蛛《くも》の糸を今、民衆につけ始めていて。

斎藤　それは、どうなんですか？

ニーチェ　ええ？　だから、いずれ安保闘争《あんぽとうそう》みたいなものが起きるかも分からんけどさあ。なんか、盛り上がるときに、あんたらじゃなくて、〝わしの思想〟のほうで盛り上がるかもしらん。

大川隆法　うーん。

斎藤　そういう勢力が、まだ温存《おんぞん》されてあるんですか。

ニーチェ　まだあるよ。日本はねえ、舐《な》めちゃいけないらしいよ。

斎藤　言論的なグループとか、そういうのじゃなくて？

ニーチェ　まあ、まだ〝ちょっかい出して〟いってるだけだね。

今後〝ネオナチ〟のようなものが立ってくる危険がある

ニーチェ　だから、今回のこの事件は象徴《しょうちょう》的で、また、ちょっと伝わるものが……。

大川隆法　ある意味で、これはまだ始まったばかりなのかもしれないですね。ただ、こういう「重複《ちょうふく》障害者を抹殺《まっさつ》しても構わない」というような思想が流行《はや》ってきて、これに〝類似品《るいじひん》〟が続いてくるかもしれません。これで純血主義が出来上がってくると、ネオナチみたいなものが出てこられる筋道が、今、立とうとしているわけです。

斎藤　ああ、ネオナチですか。

大川隆法　まあ、安倍《あべ》政権が〝右旋回《せんかい》〟していますので、これもチェックをかけないと難しい部分があるでしょう。その流れのなかには、そういうものが出てこられるチャンスは十分にあるのです。

綾織　はい。

大川隆法　「民族浄化《じょうか》」を掲《かか》げて、キリスト教精神のなかの〝軟弱《なんじゃく》なところ〟を叩《たた》き潰《つぶ》して、「超人思想」のほうに変えていけば、いけるのだと思います。

確かに、当会の〝隙《すき》〟を突《つ》いている部分はあるかもしれませんね。ガードがちょっと弱いところです。（最初は保守の流れと）一緒《いっしょ》のように見えていても、途中《とちゅう》から違ってくるものはあるかもしれないですね、これは。

ニーチェ　だから、マーケットをもらってるから、あんたがたがチンタラしてる間に。

斎藤　われわれのマーケットをもらっているということですか。

ニーチェ　そう、そう、そう、そう、そう。

大川隆法　私たちは、「病院とか施設《しせつ》とかを襲《おそ》って殺そう」という気持ちは持っていないんですけどね。

これから、ヒトラーのような指導者が出てくるのか

綾織　この文脈《ぶんみゃく》で出していいのか迷いますが、安倍首相については、どう思われてますか。

ニーチェ　いや、面白いんじゃない？　とっても面白いよ。

綾織　面白い？

ニーチェ　うーん。何かどっかで戦争さえ起きれば面白いことになりそうな気がするねえ。うん、面白いね。

ただ、面白いけど、安倍だけじゃ足《た》んないからねえ。やっぱり民衆の力が要《い》るんですよ。

大川隆法　まあ、戦争のところは難しいのでね、判断は。善悪の判断が、とても難しいので。

ニーチェ　うーん、難しい。

大川隆法　だから、「反戦」を言っている勢力のほうが正しいようにも見えるけど、そのなかにも悪魔はちゃんと入れる。だけど、反戦でないほうの、「好戦」を言っているなかにも悪魔は入れるわけです。

ここで「ジャスティス」が立たないかぎり、反戦でも好戦でも、どちらでも悪魔は入れるんですよ、実を言うと。

斎藤　なるほど。反戦だけじゃなくて好戦のほうのなかにも。

大川隆法　悪魔は入れるんです。

斎藤　ネオナチ的な出方をしていれば……。

大川隆法　そう、そう。入れるんです。

斎藤　極端《きょくたん》にバーンッと。

大川隆法　うん。だから、その余地は今、出てきています。勢力的には、まあ、心情的にはちょっと多数になりつつあるので。

斎藤　ああ……。

大川隆法　ここで理論的に、それを「急進的にやる者が出てきたら、追随《ついずい》する者が出てくる可能性はある」わけですね。

今回は障害者施設でしたが、将校のクーデターのような感じで起きてくれば……。

斎藤　二・二六事件とか、五・一五事件とか……。

大川隆法　これは、トルコでも起きていますし、ほかでも起きる可能性があります。確かに、イスラムテロもたくさん起きているので、今、全体に、軍隊的なものは、そういうものを起こしやすいところはありますよね。

今回の事件は、予兆《よちょう》にしかすぎないのかもしれないけれども、まあ、怖《こわ》いものがありますねえ。〝ある種の怖さ〟はあります。

斎藤　最近、「現代に甦《よみがえ》ったヒトラーが芸人としてブレイクする」というような映画が日本でも公開されました（「帰ってきたヒトラー」二〇一六年公開）。

大川隆法　ああ。

斎藤　ヨーロッパ各地で上映され、特にドイツなどでヒットしたようです。

天雲　映画が公開されていますね。

斎藤　そういう意味では、解禁《かいきん》されつつあるような雰囲気《ふんいき》もゼロではありません。

ニーチェ　うーん。何か、ヒトラーの声もよく聞こえるわなあ。「映画」だの「本」だのねえ。だから、世界が求めてるんじゃないか、今。強力な指導者を。

大川隆法　まあ、安倍政権そのものがそうなるとは思わないけれども、土壌になる部分は持ってはいますね。確かに、土壌は持っていると思います。また、そのなかで、そんなに価値判断は働かないかもしれません。

斎藤　確かに、この霊（悪魔）は、先ほど、「宗教がない」と、何回も言ってました。

ニーチェ　だから、山本七平《やまもとしちへい》が、「空気」の研究しとったけど。

斎藤　『「空気」の研究』という本ですね。

ニーチェ　それと同じでさあ、一気に流れるよ。

大川隆法　もしかしたら、まだ若手のなかで、そういう人は存在しているのかもしれない。まだ出てきていないだけで、いるかもしれませんね。
　例えば、私より三十歳《さい》ぐらい下だったら、「いた」としても分からないでしょう。出てくるかもしれないねえ。うーん。待っているかもしれない。

斎藤　確かに、二・二六や、五・一五でも、若手将校たちが家族の前でも平気でバンバン撃《う》ったりしていますので、クーデターのようなかたちをやるような人も出るかもしれません。

綾織　そういう、世の中を動かしていく人を見つけるわけですか。

ニーチェ　わしは指揮者だからな。〝通達〟を毎回送るだけだから。

ネオナチ的なものが日本に起きてくる序章

大川隆法　まあ、私たちも、言論ではいろいろと批判等をすることはあるのですが、あなたがたは、「悪」と認めたものに対して、襲撃《しゅうげき》したりするような勢力になっていくものを持っているのではないですか。〝裏〟には、おそらく。

最初は、このへんの説得性が必要だと思って、「安楽死」とか、ある意味で「きれいごと」を言っているんだけれども、実を言うと、だんだんテロリズムの温床《おんしょう》をつくろうとしているのではないでしょうか。

斎藤　テロリズムの温床をつくる、その序章みたいな感じですか。

大川隆法　日本では、それが大してないですからね。（そういう意図を）持っているかもしれないね、これは。

出てくるとしたら、どういうかたちで出てくるでしょうか。うーん……、でも、若い人のなかに隠《かく》れていた場合、まだ分からないですね。

政治家、思想家、その他、社会運動家、文学者、それらのなかに隠れているかもしれないけれども。微妙《びみょう》ですからね。「右か左か」だけで善悪が決まらないので。全体主義というのは、左にも右にも両方出てくるものですから。「ナチスとスターリニズムは同じものだ」と言われていますからね。

斎藤　うーん。

大川隆法　また、戦後はずっと「社会福祉《ふくし》」ということが言われていますが、ドラッカー先生は、「社会福祉は全体主義への道だ」と、はっきり書いています。要するに、共産主義に姿を変えて、一つの信条《しんじょう》の下《もと》に全員をまとめれば、全体主義が出来上がるんですよ。このなかにも全体主義が入ってこられるし、いろいろなものが入ってこられる余地があるのです。

これは、まだ姿ははっきりとは見えないけれども、「社会の不満が何らかのかたちで結晶《けっしょう》してくる」と出てくる可能性はありますね。

ただ、（今回のリーディングでは）それほど深くは掘《ほ》れないでしょう。まだこれは序章にしかすぎないので、よく分かりません。

天雲　そうですね。

9　今回の事件が予兆する日本の未来とは

相模原《さがみはら》の事件から見えた「十年以内の未来」

大川隆法　しかし、私たちとしては、言っておかねばならないことがあります。まず、政治として左翼《さよく》を批判《ひはん》していますが、弱者を救済する思想が全部間違《まちが》っているると思っているわけではありません。また、「弱者は、大量に葬《ほうむ》っても構わない」という思想を持っているわけでもないし、「生まれつきハンディを持っている人たちは要《い》らない」と言っているわけでもないのです。このへんは間違ってもらいたくないところですね。

そうかといって、血の洗礼《せんれい》で、「淘汰《とうた》していって強いものが残ればいい」というような思想が蔓延《まんえん》すればいいと思っているわけでもありません。逆に、「強国主義、大国主義で、弱い国を全部占領《せんりょう》していこう」というような思想に対しては、「やはり、抵抗《ていこう》して、それを押《お》しとどめるのも、一人の力として必要だ」と言っているのです。

確かに、私たちが言っていることが非常に難しいかもしれないので、何とも言えませんが、「弱い者を皆殺《みなごろ》しにしても構わない。強い神だけ生き残ればいい」という思想でもないわけです。これは分け方が難しいですよね。

ともかく、(この霊人から引き出すには)思想的にはこれ以上深くは入れないけれども、何か〝匂《にお》い〟はします。これは、「ネオナチ的なものが日本に起きてくる序章」と見たほうがいいのではないでしょうか。やっている手口は一部だけど、世界各国でテロが起きているにもかかわらず、何もできない日本という国が情けなくて、実は、何かそういうものを、いろいろなかたちで起こしていこうとしている可能性はあります。

最初はこういうかたちで、障害者あたりを狙《ねら》うけれども、次はもう少し「政治的な思想」が強く出てくるかもしれません。例えばホテルなどで銃《じゅう》の乱射をしたり、銀行を狙ったりすることが出てき始めると、近づいてくる可能性はありますね。

斎藤　つまり、今回の相模原《さがみはら》の一つの事件から、「そういう未来を読み解《と》ける」ということですか。

大川隆法　うん、未来が見える。これは、十年以内の未来が見えますね。

綾織　十年……。

大川隆法　そういう、起きてくる未来が見えます。

これは、一過性の事件だと思わないで用心したほうがいいでしょう。

テロや中東紛争、中国の軍拡など、
混沌とする国際情勢を導く正義とは。
『正義の法』（幸福の科学出版刊）

やはり、私たちは「左翼」に対して批判をしていますが、「右翼」のほうが強くなってきても、右翼は右翼なりに、〝怖《こわ》い思想〟がまだ裏にはあるのです。

今、安倍《あべ》政権がやろうとしていることにも、私たちは小まめに批判を入れ始めてはいます。（安倍政権が）微妙《びみょう》なところで間違うと、〝ニーチェ主義の延長上にあるようなもの〟になる可能性もあるので、ここは反省しなければいけません。

当会は、イエスを葬《ほうむ》っているわけではないし、あるいは、「神は死んだ」とか、「弱者の思想だ」とか言って、切って捨てているわけでもないのです。

あくまでも、「バランス感覚」と「中道《ちゅうどう》」の問題であって、この事件は、やや右寄りだけれども、粛清の思想を肯定する考え方があると考えられます。

粛清《しゅくせい》や排除《はいじょ》、ネオナチ的思想やテロとは一線を画す幸福の科学

斎藤　この事件のなかに、粛清の思想を肯定する要素が入っているんですか。

大川隆法　うん、入っています。ここは気をつけなくてはいけないところですね。ただ、これ以上のものを、この者から紡《つむ》ぎ出すのは無理かもしれません。いずれにせよ、衆議院議長につないだあたりから、何らかの政治的意図が背景に横たわっていることは事実だろうと思います。今は、警察の事件としてこれを扱《あつか》おうとするだろうけれども、裏にあるのはたぶんそこだと思われますね。

だから、「反動」ですよ。「保守反動」のなかに、そうした「粛清の思想」を中心にしながら、「排除《はいじょ》の思想」が育って、他の者を排除しながら出てくるものがあるかもしれません。それは、一見、幸福の科学の運動に親近性のあるものとして存在しておりながら、〝別なもの〟に変わっていくものかもしれないので、われわれも気をつけないといけないでしょう。

斎藤　脇《わき》を固めて、注意していきたいと思います。

大川隆法　若い世代に、そういう者が出てきた場合、「仲間かと思っていたら、実は違った」という部分があるかもしれないですね。

斎藤　はあ。

大川隆法　私は、そういう、弱者を皆殺しにしたり、見捨てたりするような思想に共感はしていません。

また、「戦争を肯定する思想」が出ているようには見えるかもしれないけれども、それはあくまでも、他の国を蹂躙《じゅうりん》して、多くの人に不幸をもたらそうとしている国に対してです。そういう場合、何もせずに放置して宥和《ゆうわ》主義でやると、本気で悪いことを起こすので、それに対しては、一定の警察力のような対抗手段を持っていなくてはいけないと言っているわけです。そのへんを間違えてはいけません。

やはり、ネオナチ的なものとは一線を画しておかないと危険だと思いますね。それを政治利用されてもいけないし、ほかの宗教に利用されてもいけないでしょう。あるいは、外国の宗教や政治勢力に利用されてもいけないわけです。

だから、イスラムに対して、彼らが苦しんでいることに対する共感はあるけれども、イスラムテロによって、あちこち爆破《ばくは》したり、大勢を殺したりしているようなことに賛成しているわけではありません。

綾織　はい。

大川隆法　言っていることは難しいかもしれないですが、このへんは気をつけないといけないかと思います。

まあ、裏にあるのは「ニーチェ思想」と見たので、これは、今の「保守復活の流れ」のなかで気をつけなければいけないところだということでしょう。

ただ、今日は、これ以上のものは引き出せないのではないかと思います。

宗教でも「簡単に人を殺す思想」は唯物論《ゆいぶつろん》に転化している

大川隆法　（ニーチェに）何か言い残したことはありますか。

ニーチェ　ううーん！（手を強く一回叩《たた》く）全国の国民にちゃんとなあ。

大川隆法　言いたかったのね。

ニーチェ　言いたかった。

大川隆法　もっとやりたかったのね？

ニーチェ　ああーあ、もっと！

大川隆法　騒《さわ》がしたかったのね？

ニーチェ　ああー。

大川隆法　うん、分かる。そうだろう。

ニーチェ　ううーん……。ああ……。

大川隆法　言っておくけど、私は、基本的に暴力は嫌《きら》いなんですよ。好きなわけではないですからね。

ニーチェ　ううん？　うん！（手を三回叩く）

大川隆法　やっぱり、殺人はしないほうがいいですよ。

これは、アメリカにも言わなくてはいけないと思っているのですが、人殺しを簡単にしすぎますよね。アメリカもそうだし、イスラムもそうです。みんな、簡単に殺しすぎます。

宗教を語っていても簡単に人を殺す思想というのは、かなり、唯物論に転化しているのではないかと思います。

斎藤　唯物論に転化しているんですか。

大川隆法　「この世のものを消せば済む」「ゴミを消せばいい」と思っているようなところがあるのではないでしょうか。宗教を語っていても、バンバン殺人を犯《おか》すようなところは、意外に唯物論なのではないかと思いますね。

要するに、「本当にその人が救われているかどうか」のところが検証されていません。

また、革命にしても、革命そのものがいいわけではないのです。「革命の目的」や「手段の相当性」、そして、「その後、人々がどういう生活を送っていくか」ということが極《きわ》めて大事であって、「ただ、暴力革命が肯定される」という考えではないわけです。

まあ、全体主義の起源のなかには、レーニン的な体制がありますからね。まあ、（今回で引き出せるのは）これ以上は行かないでしょう。

（ニーチェに）ほかに言うことはないかい？

ニーチェ　ううーん！　ああっ！（手を強く一回叩く）まだまだだ（手を一回叩く）。これから始まる。これから始まるんだ！

大川隆法　まあ、私たちとしては警鐘《けいしょう》を鳴らすだけですが。

ニーチェ　ああー！

大川隆法　ただ、予告犯的な存在と……。

ニーチェ　そうだ！

大川隆法　社会問題とを、うまくミックスして、何か同工異曲《どうこういきょく》で、「似ているようであって違うことをやられる可能性はある」と思います。

斎藤　確かに、同工異曲ですね。

ニーチェ　いいぜ。次は、安倍君に手紙を……。

大川隆法　安倍君ね。はい、分かりました。

ニーチェ　もう、手紙だけでいいんだ。

大川隆法　うん、分かった。

ニーチェ　ああー。

大川隆法　はい、じゃあ、あなたの〝今日の仕事〟はそこまでです！（手を二回叩く）

はい！　はい！　はい、出なさい。この者（チャネラー）から出なさい。もう出ていってください。はい。二度と悪いことをしないように！　はい！　出ていきなさい！　はいっ！

（約五秒間の沈黙《ちんもく》）

（手を強く五回叩く）はい。はい。覚醒《かくせい》。

斎藤　ありがとうございました……。

10 「時代の流れの端緒《たんしょ》」を感じさせる結果となった今回のリーディング

大川隆法　少し話が飛びましたね。「障害者施設《しせつ》での殺傷事件」と、ここまで結びつけて言うことは難しいとは思いますが、出てきたものをつなぎ合わせていくと、私は、「時代の流れの端緒《たんしょ》」のようなものを感じました。

よく注意しながら政治主張をしないと、曲がり込《こ》む可能性はあるでしょう。

私は、人々の「魂《たましい》の救済」を考えず、「魂の幸福」を考えない大量殺人やテロリズム、革命などには、まったく賛成していないので、これについては、はっきり申し上げておきたいと思います。

綾織　「宗教がない」ということでしたので、私たちとしては頑張《がんば》っていきたいと思います。

斎藤　はい！　宗教思想を広げていくように努力いたします。

大川隆法　そうですね。じゃあ、ありがとうございました（手を一回叩《たた》く）。

質問者一同　本日はありがとうございました。

あとがき

私たち幸福の科学も、障害者とその家族を支援する目的で「ユー・アー・エンゼル！」という運動を日本全国、全世界で展開している。障害者を社会的な存在悪《そんざいあく》とみるのではなく、彼らの中にも、社会に善人、宗教的人格を創り出していく「天使の働き」があると考える運動である。それは、平均的な人々にも、愛や慈悲の大切さを感じさせ、肉体は不完全でも、魂は健全《けんぜん》であるという考えをおし広げる活動でもある。

障害者は、人間に、足《た》るを知り、幸福とは何かを教える、魂の教師の役割を持っている。また不当な、劣等感・失敗感・挫折感により、神への信仰を見失った、競争社会のすさんだ人々を、救済する役割も障害者たちには与えられている。そして彼らの中には現実の天使も身を隠《かく》して潜《ひそ》んでいる。

被害に遭《あ》われた方々が心の救済までなされることを祈りつつも、この世に生を享《う》けたことの重《おも》さを多くの人々に知って頂きたいと願っている。

二〇一六年　七月二十八日

幸福《こうふく》の科学《かがく》グループ創始者兼総裁《そうししゃけんそうさい》　大川隆法《おおかわりゅうほう》

『愛と障害者と悪魔の働きについて――「相模原障害者施設」殺傷事件――』

大川隆法著作関連書籍

『正義の法』（幸福の科学出版刊）

『宗教決断の時代――目からウロコの宗教選び①――』（同右）

『公開霊言 ニーチェよ、神は本当に死んだのか？』（同右）

『ヘレン・ケラーの幸福論』（同右）

『ヒトラー的視点から検証する 世界で最も危険な独裁者の見分け方』（同右）

『赤い皇帝 スターリンの霊言』（同右）

『ハイエク「新・隷属への道」』（同右）

『ハンナ・アーレント スピリチュアル講義「幸福の革命」について』（同右）

愛《あい》と障害者《しょうがいしゃ》と悪魔《あくま》の働《はたら》きについて
――「相模原《さがみはら》障害者《しょうがいしゃ》施設《しせつ》」殺傷《さっしょう》事件《じけん》――

2016年7月29日　初版第1刷

著　者　　大《おお》川《かわ》隆《りゅう》法《ほう》

発行所　　幸福の科学出版株式会社
〒107-0052 東京都港区赤坂2丁目10番14号
TEL(03)5573-7700
http://www.irhpress.co.jp/

印刷・製本　株式会社 研文社

落丁・乱丁本はおとりかえいたします

ISBN978-4-86395-823-4 C0030
写真：時事／朝日新聞社／時事通信フォト

大川隆法ベストセラーズ・悪霊・悪魔から身を護る法

エクソシスト概論

あなたを守る、「悪魔祓い」の基本知識Q&A

悪霊・悪魔は実在する！ 憑依現象による不幸や災い、統合失調症や多重人格の霊的背景など、六大神通力を持つ宗教家が明かす「悪魔祓い」の真実。

1,500円

エクソシスト入門

実録・悪魔との対話

悪魔を撃退するための心構えが説かれた、悪魔祓い入門書。宗教がなぜ必要なのか、明確な答えがここにある。

1,400円

地獄の方程式

こう考えたら
あなたも真夏の幽霊

どういう考え方を持っていると、死後、地獄に堕ちてしまうのか――その心の法則が明らかに。「知らなかった」では済まされない、霊的真実。

1,500円

※表示価格は本体価格（税別）です。

大川隆法霊言シリーズ・唯物論・無神論を打破する

公開霊言 ニーチェよ、神は本当に死んだのか？

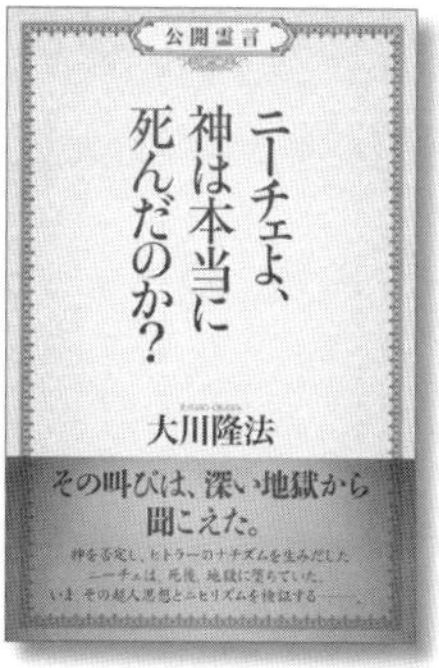

神を否定し、ヒトラーのナチズムを生み出したニーチェは、死後、地獄に堕ちていた。いま、ニーチェ哲学の超人思想とニヒリズムを徹底霊査する。

1,400円

フロイトの霊言

神なき精神分析学は人の心を救えるのか

人間の不幸を取り除くはずの精神分析学。しかし、その創始者であるフロイトは、死後地獄に堕ちていた――。霊的真実が、フロイトの幻想を粉砕する。

1,400円

「ユング心理学」を宗教分析する

「人間幸福学」から見た心理学の功罪

なぜ、ユングは天上界に還ったのか。どうして、フロイトは地獄に堕ちたのか。分析心理学の創始者が語る、現代心理学の問題点とは。

1,500円

大川隆法 霊言シリーズ・全体主義と自由をめぐって

ヒトラー的視点から検証する
世界で最も危険な独裁者の見分け方

世界の指導者たちのなかに「第二のヒトラー」は存在するのか？ その危険度をヒトラーの霊を通じて検証し、国際情勢をリアリスティックに分析。

1,400 円

赤い皇帝
スターリンの霊言

旧ソ連の独裁者・スターリンは、戦中・戦後、そして現代の米露日中をどう見ているのか。共産主義の実態に迫り、戦勝国の「正義」を糺す一冊。

1,400 円

超訳霊言
ハイデガー「今」を語る
第二のヒトラーは出現するか

全体主義の危険性とは何か？ 激変する世界情勢のなかで日本が進むべき未来とは？ 難解なハイデガー哲学の真髄を、本人が分かりやすく解説！

1,400円

※表示価格は本体価格（税別）です。

大川隆法霊言シリーズ・愛と救済を考える

キリストの幸福論

失敗、挫折、苦難、困難、病気……。この世的な不幸に打ち克つ本当の幸福とは何か。2000 年の時を超えてイエスが現代人に贈る奇跡のメッセージ!

1,500円

ヘレン・ケラーの幸福論

どんな不自由や試練であろうと、「神の愛」を知れば乗りこえてゆける——。天上界から聖女ヘレンが贈る、勇気と希望のメッセージ。

1,500円

マザー・テレサの宗教観を伝える

英語霊言 日本語訳付き

神と信仰、この世と来世、そしてミッション

神の声を聞き、貧しい人びとを救うために、その生涯を捧げた高名な修道女マザー・テレサ——。いま、ふたたび「愛の言葉」を語りはじめる。

1,400円

大川隆法ベストセラーズ・心と体の健康を考える

幸福へのヒント
光り輝く家庭をつくるには

家庭の幸福にかかわる具体的なテーマについて、人生の指針を明快に示した、珠玉の質疑応答集。著者、自選、自薦、自信の一書。

1,500円

心と体のほんとうの関係。
スピリチュアル健康生活

心臓病、パニック障害、リウマチ、過食症、拒食症、性同一性障害、エイズ、白血病、金縛りなど、霊的な目から見た驚きの真実が明かされる。

1,500円

障害児をはぐくむ魔法の言葉
ユー・アー・エンゼル！
諏訪裕子　著

よくないことも、よいことも、すべて「幸福の種」になる! 障害児支援「ユー・アー・エンゼル!」運動で出会った子供たちと家族の感動ストーリー。

1,200円

※表示価格は本体価格(税別)です。

大川隆法「法シリーズ」・**最新刊**

正義の法

法シリーズ
第22作

憎しみを超えて、愛を取れ

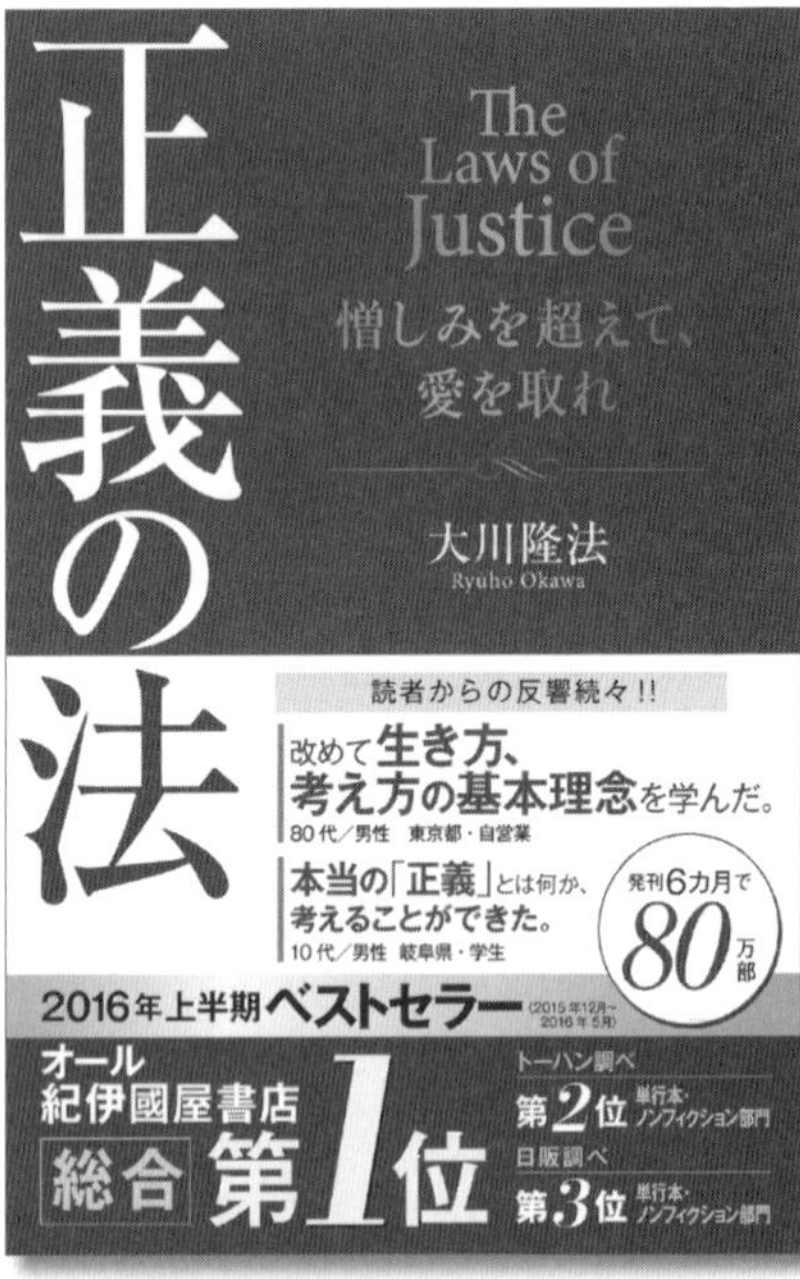

テロ事件、中東紛争、中国の軍拡――。
どうすれば世界から争いがなくなるのか。
あらゆる価値観の対立を超える
「正義」とは何か。
著者二千書目となる「法シリーズ」最新刊！

2,000円

第１章　神は沈黙していない――「学問的正義」を超える「真理」とは何か
第２章　宗教と唯物論の相克――人間の魂を設計したのは誰なのか
第３章　正しさからの発展――「正義」の観点から見た「政治と経済」
第４章　正義の原理
――「個人における正義」と「国家間における正義」の考え方
第５章　人類史の大転換――日本が世界のリーダーとなるために必要なこと
第６章　神の正義の樹立――今、世界に必要とされる「至高神」の教え

※表示価格は本体価格（税別）です。

Welcome to Happy Science!
幸福の科学グループ紹介

「一人ひとりを幸福にし、世界を明るく照らしたい」──。
その理想を目指し、幸福の科学グループは宗教を根本《こんぽん》にしながら、
幅広い分野で活動を続けています。

宗教活動

幸福の科学【happy-science.jp】

- 支部活動【map.happy-science.jp（支部・精舎へのアクセス）】
- 精舎（研修施設）での研修・祈願【shoja-irh.jp】
- 学生局【03-5457-1773】
- 青年局【03-3535-3310】
- 百歳まで生きる会（シニア層対象）
- シニア・プラン21（生涯現役人生の実現）【03-6384-0778】
- 幸福結婚相談所【happy-science.jp/activity/group/happy-wedding】
- 来世幸福園（霊園）【raise-nasu.kofuku-no-kagaku.or.jp】

来世幸福セレモニー株式会社【03-6311-7286】

株式会社 Earth Innovation【earthinnovation.jp】

30th
おかげさまで30周年
2016年、幸福の科学は
立宗30周年を迎えました。

社会貢献

ヘレンの会（障害者の活動支援）【helen-hs.net】
自殺防止活動【withyou-hs.net】
支援活動
- 一般財団法人
「いじめから子供を守ろうネットワーク」【03-5719-2170】
- 犯罪更生者支援

国際事業

Happy Science 海外法人
【happy-science.org（英語版）】【hans.happy-science.org（中国語簡体字版）】

教育事業

学校法人 幸福の科学学園
- 中学校・高等学校（那須本校）【happy-science.ac.jp】
- 関西中学校・高等学校（関西校）【kansai.happy-science.ac.jp】

宗教教育機関
- 仏法真理塾「サクセスNo.1」（信仰教育と学業修行）【03-5750-0747】
- エンゼルプランV（未就学児信仰教育）【03-5750-0757】
- ネバー・マインド（不登校児支援）【hs-nevermind.org】
  - ユー・アー・エンゼル！運動（障害児支援）【you-are-angel.org】

高等宗教研究機関
- ハッピー・サイエンス・ユニバーシティ（HSU）

政治活動

幸福実現党【hr-party.jp】
- <機関紙>「幸福実現NEWS」
- <出版> 書籍・DVDなどの発刊
- 若者向け政治サイト【truthyouth.jp】

HS政経塾【hs-seikei.happy-science.jp】

出版 メディア 関連事業

幸福の科学の内部向け経典の発刊

幸福の科学の月刊小冊子【info.happy-science.jp/magazine】

幸福の科学出版株式会社【irhpress.co.jp】
- 書籍・CD・DVD・BDなどの発刊
- <映画>「UFO学園の秘密」【ufo-academy.com】ほか8作
- <オピニオン誌>「ザ・リバティ」【the-liberty.com】
- <女性誌>「アー・ユー・ハッピー？」【are-you-happy.com】
- <書店> ブックスフューチャー【booksfuture.com】
- <広告代理店> 株式会社メディア・フューチャー

メディア文化事業
- <ネット番組>「THE FACT」【youtube.com/user/theFACTtvChannel】
- <ラジオ>「天使のモーニングコール」【tenshi-call.com】

スター養成部（芸能人材の育成）【03-5793-1773】

ニュースター・プロダクション株式会社【newstar-pro.com】

ハッピー・サイエンス・ユニバーシティ

Happy Science University

ハッピー・サイエンス・ユニバーシティとは

ハッピー・サイエンス・ユニバーシティ(HSU)は、大川隆法総裁が設立された「現代の松下村塾」であり、「日本発の本格私学」です。
建学の精神として「幸福の探究と新文明の創造」を掲げ、
チャレンジ精神にあふれ、新時代を切り拓く人材の輩出を目指します。

住所 〒299-4325 千葉県長生郡長生村一松丙 4427-1
TEL.0475-32-7770
[公式サイト] **www.happy-science.university**

学部のご案内

未来創造学部

2016年4月 開設

時代を変え、未来を創る主役となる

政治家やジャーナリスト、ライター、俳優・タレントなどのスター、
映画監督・脚本家などのクリエーターを目指し、国家や世界の発展、
幸福化に貢献できるマクロ的影響力を持った徳ある人材を育てます。
「政治・ジャーナリズム専攻コース」と
「芸能・クリエーター部門専攻コース」の2コースを開設します。

キャンパスは東京がメインとなり、2年制の短期特進課程も新設します(4年制の1年次は千葉です)。2017年3月までは、赤坂「ユートピア活動推進館」、2017年4月より東京都江東区(東西線東陽町駅近く)の新校舎「HSU未来創造・東京キャンパス」がキャンパスとなります。

学部のご案内

人間幸福学部

人間学を学び、新時代を切り拓くリーダーとなる

人間の本質と真実の幸福について深く探究し、
高い語学力や国際教養を身につけ、人類の幸福に貢献する
新時代のリーダーを目指します。
2年次以降は「人間幸福コース」と「国際コース」に分かれ、
各専門分野に重点を置いた学修をします。

経営成功学部

企業や国家の繁栄を実現する、起業家精神あふれる人材となる

企業と社会を繁栄に導くビジネスリーダー・真理経営者や、
国家と世界の発展に貢献する
起業家精神あふれる人材を輩出します。
2年次以降は、幸福の科学の経営論とともに、
従来の経営学や実践的な科目を学修します。

未来産業学部

新文明の源流を創造するチャレンジャーとなる

未来産業の基礎となる理系科目を幅広く修得し、
新たな産業を起こす創造力と起業家精神を磨き、
未来文明の源流を開拓します。
科学技術を通して夢のある未来を拓くために、
未知なるものにチャレンジし、創造していく人材を輩出します。

幸福の科学学園
中学校・高等学校（那須本校）

幸福の科学学園（那須本校）は、幸福の科学の教育理念のもとにつくられた、男女共学、全寮制の中学校・高等学校です。自由闊達な校風のもと、「高度な知性」と「徳育」を融合させ、社会に貢献するリーダーの養成を目指しています。

〒329-3434
栃木県那須郡那須町梁瀬 487-1
TEL.0287-75-7777
FAX.0287-75-7779
[公式サイト]
www.happy-science.ac.jp
[お問い合わせ]
info-js@happy-science.ac.jp

幸福の科学学園
関西中学校・高等学校

滋賀県大津市、美しい琵琶湖の西岸に建つ幸福の科学学園（関西校）は、男女共学、通学も入寮も可能な中学校・高等学校です。発展・繁栄を校風とし、宗教教育や企業家教育を通して、学力と企業家精神、徳力を備えた、未来の世界に責任を持つ「世界のリーダー」を輩出することを目指しています。

〒520-0248
滋賀県大津市仰木の里東2-16-1
TEL.077-573-7774
FAX.077-573-7775
[公式サイト]
www.kansai.happy-science.ac.jp
[お問い合わせ]
info-kansai@happy-science.ac.jp

「エンゼルプランV」

信仰に基づいて、幼児の心を豊かに育む情操教育を行っています。また、知育や創造活動を通して、ひとりひとりの子どもの個性を大切に伸ばします。お母さんたちの心の交流の場ともなっています。

TEL 03-5750-0757
FAX 03-5750-0767
メール angel-plan-v@kofuku-no-kagaku.or.jp

仏法真理塾
「サクセスNo.1」

全国に本校・拠点・支部校を展開する、幸福の科学による信仰教育の機関です。小学生・中学生・高校生を対象に、信仰教育・徳育にウエイトを置きつつ、将来、社会人として活躍するための学力養成にも力を注いでいます。

【東京本校】
TEL 03-5750-0747
FAX 03-5750-0737
メール info@success.irh.jp

「ユー・アー・エンゼル！
（あなたは天使！）運動」

障害児の不安や悩みに取り組み、ご両親を励まし、勇気づける、障害児支援のボランティア運動です。学生や経験豊富なボランティアを中心に、全国各地で、障害児向けの信仰教育を行っています。保護者向けには、交流会や、医療者・特別支援教育者による勉強会、メール相談を行っています。

TEL 03-5750-1741
FAX 03-5750-0734
メール you-are-angel@happy-science.org

不登校児支援スクール
「ネバー・マインド」

幸福の科学グループの不登校児支援スクールです。「信仰教育」と「学業支援」「体力増強」を柱に、合宿をはじめとするさまざまなプログラムで、再登校へのチャレンジと、進路先の受験対策指導、生活リズムの改善、心の通う仲間づくりを応援します。

TEL 03-5750-1741
FAX 03-5750-0734
メール nevermind@happy-science.org

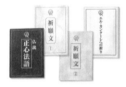

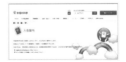